贝页

ENRICH YOUR LIFE

跟踪信号

黑盒交易如何影响从华尔街到上海的股市

[加]布莱恩·R.布朗（Brian R. Brown）/ 著　　杜海韬　吴月　王俊宇 / 译

CHASING THE SAME SIGNALS:

How Black-Box Trading Influences Stock Markets from Wall Street to Shanghai

文匯出版社

致Donna，
为我们共同拥有的一切。

致　谢

几年前，我正和8个同事还有客户在中国香港利园一家粤式餐厅共进晚餐。环视餐桌，我意识到没有两个人属于同一国籍，也没有一个人生活在他们的原籍国。尽管大家对华尔街的职业生涯有各种认识，但它确实是一个在真正的全球社区中丰富个人生活经历的平台。我很感谢那些为我提供了如此绝佳机会的人，我的成熟和满足很大一部分来自整个过程中的互动。

很多我曾经的同事以及商业伙伴参与了本书的构想。我非常感谢 Robert Ferstenberg、Amit Rajpal、Peter Sheridan、Marc Rosenthal、Kurt Baker、E. John Fildes、Robert S. Smith、John Feng 和 Tom Coleman 为我提供的观点和洞见，你们都是各自领域的佼佼者。

在初稿写作的过程中，Paul Leo 坦率的反馈使人清醒，同时也为我拓宽研究广度和坚持论题起到了催化作用；非常感谢你的编辑见解和专业精神。

感谢我的朋友，The Communications Group 的 Tony Behan 和 Madeleine Behan，在我开始渴望成为作家的时候及时为我提供建议。定期的早餐论坛是我写作生涯中最好的训练。

感谢 Nick Wallwork、Fiona Wong、Cynthia Mak 以及 John Wiley & Sons 的团队，感谢你们促成本书的出版。你们都是真正一流公司的优秀大使。

各路朋友和熟人都有兴趣了解我转型为作家的各个阶段。感谢 Andrew Work、Charles Poulton、Neil Norman、Greg Basham、Mohammed Apabhai、Jeremy Wong、Godwin Chan 和 Martin Randall。

最重要的是，感谢我的妻子 Donna，感谢她忍受我的思维在整个创作过程中时不时地游荡，包容我的一切。我确实是世界上最幸运的人。

最后，我的父母 Robert 和 Carole，感谢他们从塔尔博特街到弥敦道对我一如既往的支持和热情。

目 录

致谢 — V

第一章 矿井里的金丝雀死了 — 1
第一个金融危机信号为何被忽略了

第二章 交易的自动化 — 24
当机器成为最活跃的投资者

第三章 黑盒哲学 — 43
为什么最好的对冲基金经理不出席投资者会议

第四章 发现足迹 — 62
可口可乐和百事可乐有什么不同

第五章 分散的信徒 — 82
为什么一些投资者不读基础研究

第六章 军备竞赛 — 102
为什么比起收入,公司成交量更受关注

第七章 高频游戏 — 120
为什么最活跃的投资者却鲜有人知

第八章 罗素再平衡 | 137
为什么市场收盘并不总是反映经济健康状况

第九章 市场生态 | 150
那些买入并持有的投资者到底经历了什么

第十章 股票市场的全球化 | 169
为什么美国航空比新加坡航空的交易量大

第十一章 适应性行业 | 188
接下来跟踪什么信号

第十二章 结论 | 206

注释 | 212

第一章　矿井里的金丝雀死了
第一个金融危机信号为何被忽略了

2008年10月，金融海啸爆发，"次级贷款"成为晚间新闻的常用词。其实早在一年前，金融市场上就出现了微妙警告，表明全球经济体之间并不平衡。那是2007年8月的第一周，当时，全球股票市场出现了自1987年10月"黑色星期一"以来的最大恐慌。但没人注意到这点。

2007年8月6日上午，专业投资人士正为前所未有的股票走势感到困惑。采矿业股票上涨了18%，而制造业股票下跌了14%。不同行业之间的方向性偏差高达30%，但当天的标普指数却没有变动。

接下来几天，股市持续存在过度波动和离散模式。MBI保险是一只极少吸引投机的股票，8月6日这只股以15%的涨幅收盘，8月7日又上涨了7%，而在接下来的两天里却经历了22%的跌幅。MBI股价的反弹与收益的反转一样迅速，是一种反常现象。

传统观点认为市场是有效的随机游走——股票价格随着公司的基本面和投资者的偏好而涨跌。但在8月8日，房地产成为市场表

跟踪信号：黑盒交易如何影响从华尔街到上海的股市
Chasing the Same Signals: How Black-Box Trading Influences Stock Markets from Wall Street to Shanghai

现最佳的行业，涨幅高达22%。当然，随着美国楼市危机引发的焦虑，股票价格无疑已偏离"基本"值。

几周之后，投资者才开始对这种价格离散[1]有所了解。那些从来没有出现过年度业绩负增长的对冲基金开始披露过度交易损失，许多著名的股票经理人纷纷报告高达数亿美元的单日损失。

对冲基金的损失超过了其资产的30%，而标普指数却没有变化。它们在交易两头都遭受了损失——多头头寸减少，空头头寸增加。在那些通常相关的行业，股票价格也朝着相反的方向发展。市场离散是对冲基金同步投资组合"去杠杆"带来的副作用，由股市偏离历史交易模式导致。这是该行业经历的第一次全球性恐慌——由机器带来的恐慌。

20世纪90年代晚期，美国证券交易委员会（SEC）引入市场改革，以提高市场效率，允许使用另类交易系统——这标志着股市电子通信网络的诞生，以及量化投资专业人士新时代的来临。过去十年中，计算机化（或黑盒）交易已经成为主流投资策略，被数百家对冲基金采用。

黑盒公司[2]利用数学公式买卖股票。这一行业吸引了数学家、天

---

[1] 译者注：价格离散是指同一类商品的价格分布相对于某一中心的偏离程度。主要包括价格的范围，即最高价减去最低价；最高价和最低价不同的百分比；价格分布的变化；价格分布的不一致性；相对平均价格的价格变动率。

[2] 译者注：黑盒公司（black-box firms），又称黑匣子公司、黑箱公司，是指一类通过数量化方式及计算机程序化发出买卖指令，以获取稳定收益为目的的公司，其交易方式称为量化交易。因量化交易策略难以被大众理解和描述，故称黑盒。

体物理学家、机器人科学家这类专家。他们将自己的投资策略形容为经济学与科学的联姻。随着他们的成功，黑盒公司开始扩展。在过去十年内，黑盒公司一直处于业绩最佳的基金之列。一流的公司已经产生了两位数的回报率，负收益只在极少月份出现。其风险—回报业绩已成为业内最佳。

随着黑盒公司的成熟，这些名不见经传的数学家加入了传统的买入并持有的投资者行列，影响着市场估值。如同盈利修正，市场收盘时的反弹很可能是伴随技术信号而来的。据预估，黑盒交易商在美国以及其他国际主流市场如伦敦证券交易所（LSE）、德国证券交易所和东京证券交易所（TSE）中占有超过三分之一的市场交易量——尽管他们对每日市场走势的贡献基本上被忽视了。美国消费者新闻与商业频道（CNBC）也很少对计算机化交易商的观点进行评论。

我们传统上将股市理解为经济的晴雨表。股票价格反映了人们对经济健康状况的普遍态度以及最精明的专业投资人士的深刻观点。但当持有期限从几年骤减到几个月、几天（甚至更短）时，那些买入并持有的投资者们情况又怎么样呢？

尽管黑盒公司的成功很大程度上是在幕后实现的，对2007年8月危机的重新检视却将这些公司搬上了新闻头条。怀疑者们认为，由于股票价格属于随机游走，量化投资的终结只是时间问题。但实际上很多黑盒公司挺过了市场动荡，并持续产生两位数的回报率。它们是第一波经历经济海啸的对冲基金，随着市场偏离历史模式，这场海啸在2008年演变为涉及全球的危机。

跟踪信号：黑盒交易如何影响从华尔街到上海的股市
Chasing the Same Signals: How Black-Box Trading Influences Stock Markets from Wall Street to Shanghai

毕竟，适应一直是黑盒公司的命脉。它们采用零和游戏的投资策略：当市场水涨船高时，它们不会从经济繁荣中获利。黑盒交易商通过跟踪相同信号相互竞争。

本书的重点不在于它们跟踪什么信号，而在于它们如何跟踪。本书讲述了一个由自动化投资者组成的行业，如何凭着其独特的风险偏好和投资策略，成为从华尔街到上海最具影响力的流动性提供者。

失衡的信号

2007年8月6日上午，世界金融市场交易大厅里的金丝雀停止了歌唱[1]。空气中弥漫着一股难闻的气味，如同当下的世界经济，早期警告信号出现了。世界股票市场开始出现一种独特的现象和前所未有的波动性。这是一个早期迹象，表明全球经济已走到一个失衡的拐点。

8月6日上午开盘仅一小时，标普500指数的交易员就开始在交易屏幕上观察到不同寻常的价格模式。机械行业股价上涨10%，而金属行业下跌9.5%。两个行业间有20%的净差异，然而几乎没有新闻或盈利信息可以解释行业之间的这种方向性偏差。

尽管不同行业间波动过大，当天的标普指数却没有变动，较前

---

[1] 译者注：隐喻。17世纪，英国矿井工人发现，金丝雀对瓦斯气体十分敏感。当瓦斯含量超过一定限度时，金丝雀会毒发身亡。因此工人们每次下井都会带上一只金丝雀作为"瓦斯检测指标"，以便在危险状况下紧急撤离。

第一章 矿井里的金丝雀死了
Chapter 1　The Canary in the Coal Mine

一个交易日收盘价仅有 0.2% 的差额。一个行业的收益与另一行业的损失相互抵消。仔细观察标普 500 指数的构成则更加令人困惑——超过 50 只股票上涨 10%，50 只股票下跌超过 10%，而整个指数相对不变。交易商感到困惑。市场上发生了什么？谁会激进地买进指数的一部分，同时又激进地卖出另一部分呢？交易商与机构投资者探讨时找不到任何线索。共同基金经理同样因为这种价格图表而困惑。8 月份通常很平静，没有重大经济新闻发布，也没有什么新闻可以对股市产生立竿见影的影响。这种非同寻常、过于离散的交易模式持续了几天。许多股票被讨论了一整周，在某一天获得巨大收益，第二天又很快恢复到之前的水平。这种反常的市场波动从美国市场蔓延到欧洲和日本。这在全球股市中前所未有，是有史以来最大限度的离散。

历史上，标普 500 指数所含股票的离差，即股市最佳与最差业绩之间的差额，一天之内一般限制在几个百分点的范围内。该指数表现最佳时可能上涨 5%，最差的时候下跌 4%。2007 年 8 月 6 日，标普 500 指数的成分股业绩的散点图如图 1.1 所示。业绩最佳和最差的股票相差 32%，这在此前从未发生过。

9 月的前几周，随着几家著名的对冲基金开始向投资者汇报它们在 8 月遭遇了过多损失时，人们才逐渐理解这种市场波动。8 月的第一周，好几只基金都报告了其持股超过 30% 的跌幅。据报道，一部分最著名的对冲基金曾在一天之内遭受了数亿美元的损失。这些基金不仅仅是处于交易淡季的对冲基金的随机集合，而且都是最著名的对冲基金。它们通过复杂的数学模型来投资全球市场，因此被

跟踪信号：黑盒交易如何影响从华尔街到上海的股市
Chasing the Same Signals: How Black-Box Trading Influences Stock Markets from Wall Street to Shanghai

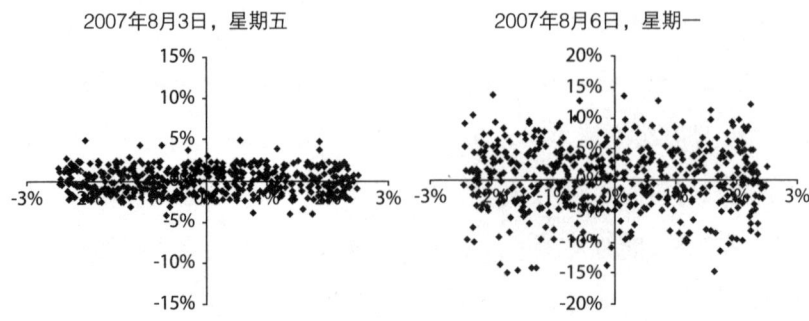

图1.1 标普指数散点图

注：当日价格变动与前一日价格变动的散点图

称为量化基金。尽管这些基金在过去十年里产生了最为稳定的回报，类似的故事正在整个基金经理的圈子里传播。各种来源的文章都在突出报道几个"明星"对冲基金经理共同面临的问题：

> 明星基金经理在8月的前10天内遭受了大量按市价计算的亏损。截至8月9日，**文艺复兴科技公司**（Renaissance Technologies）的机构股票基金损失了8.7%；**高桥**（Highbridge）的统计机会基金一个月下跌了18%；到8月9日，**Tykhe资本**（Tykhe Capital）的统计套利和量化多头/空头基金分别亏损17%和31%；到8月10日，**高盛资产管理**（Goldman Sachs Asset Management）全球股市机会基金缩水15%；到8月10日，**德劭**（D. E. Shaw）综合基金缩水了15%；8月7日至9日，**应用量化研究**（Applied Quantitative Research，AQR）的旗舰基金下跌了13%；**摩根士丹利**（Morgan Stanley）的自营交易使用量化策略损失近4.8亿美元，其中大部分发生在一天之内。[1]

这些"明星"经理有一个共同特点：他们的投资策略举步维艰，

第一章 矿井里的金丝雀死了
Chapter 1 The Canary in the Coal Mine

却没有明显的原因。历史模式正在瓦解。那些从前高度相关的相似股票正朝着相反的方向发展。一般而言,在市场错位时期,价值股比成长股表现更好,现在的情况却正好相反:成长股的业绩超过了价值股。

对冲基金的投资组合双方都遭受了损失。它们的多头头寸正在减少,空头头寸在增加。那些已经被优化以减小方差的投资组合也观察到不可预测的波动。对冲多头/空头头寸旨在降低市场调整的风险,但这些基金也正在经历一种不同类型的混乱事件——分散。几天之内,它们就损失将近三分之一的资产,而在那之前,月度最大跌幅也不过几个百分点(见图1.2)。

由于全球股票市场与信用市场已开始进入严重失衡的时期,金丝雀停止了歌唱。金融机构刚开始进入漫长的"去杠杆化"过程,在这个过程中,它们将减少股票头寸,以抵消次级贷款债务带来的损失。

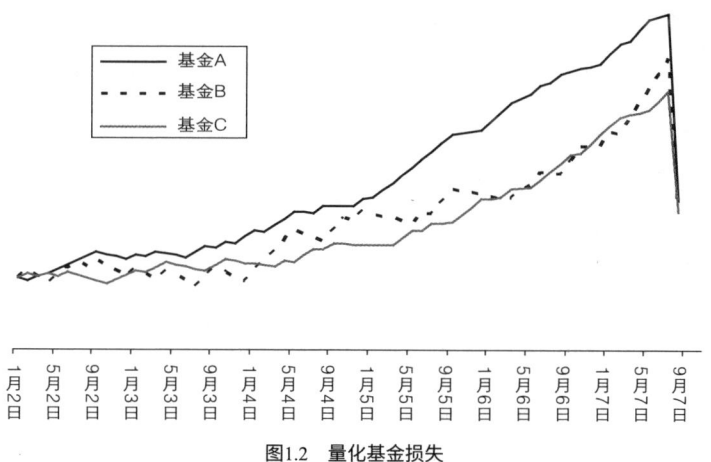

图1.2　量化基金损失

注:基金资产已按照基准值1.0作标准化处理

拥挤交易效应

对 2007 年 8 月量化基金崩溃的事后调查尚无定论。任何行业监管机构都不能通过逆向工程弄明白量化交易策略的制定逻辑。对问题本质的理解可能会因黑盒群体的隐秘性而更加困难。这帮人以注重隐私和喜欢隐居著称，和华尔街明亮的灯光相比，他们更偏爱康涅狄格州或芝加哥宁静的郊区。来自行业分析师和专业人士的证据显而易见：这些对冲基金中的大多数都持有差不多的头寸。

最可能的催化剂是一个或多个量化基金在 8 月的第一周被迫清盘，这可能是由于它们在其他领域遭受了次级抵押贷款损失，并且为了增加现金流（或者筹集资产负债表上的资产），压缩了其量化策略投资组合[2]。2007 年 8 月 6 日的事件可能是该行业第一个去杠杆的例子，这一做法在 2008 年 10 月开始流行。

正常情况下，一个解除头寸的投资组合并不是问题，除非还有其他几只基金持有相同的头寸。当第一个基金开始减少头寸，其交易将推动市场发展；空头头寸将会增加，而多头头寸会减少。持有相同头寸的其他基金将开始遭受损失，因为它们的头寸不利于自己。随着损失加剧，到某个临界值，基金可能会开始减少头寸，也许会将其投资组合减少 20% 或更多。然而，它们的减持会同时加重损失并在持有同样投资组合的基金范围内引发连锁反应。

该理论假定许多量化基金持有相似的头寸，这叫作"拥挤交易"现象。当一家公司开始清算时，持有相似头寸的其他基金经理开始

第一章 矿井里的金丝雀死了
Chapter 1　The Canary in the Coal Mine

因头寸逆转遭受损失。这将引发"抢出口"现象,使市场出现前所未有的离散格局。

拥挤交易理论基于一种假设,即黑盒基金经理都在采用相似的策略。这看起来也许有些牵强——文艺复兴、德劭、高盛、高桥这些大型基金公司被视作金融界的"火箭科学家",暗示它们的计算机模型都在跟踪同样的信号,这种假设是否合理?

虽然没有确凿的证据可以破译整个行业采用的策略,但有证据表明量化对冲基金都持有相同的头寸。量化策略的基础之一在于其经验意义,即在市场困境时期,价值型股票业绩优于成长型股票。

实际上,投资者可以从逆向策略中获利,即卖出所有赢家股票并买入所有输家股票。这是典型的均值回归策略,量化交易者基于这种策略来抛售业绩优于市场的股票并购买业绩不佳的股票,根据历史相关性对冲双方。

针对2007年8月事件的事后调查发现,历史上不同行业间的相关性正在逐渐瓦解。技术研究显示,在8月的第一周,价值型股票和成长型股票之间的月度相关性增长了20倍。那些通常情况下很适合做多头/空头对冲的行业也正朝着和历史情况相反的方向发展。任何基于历史相关性进行套期保值的策略会很容易遭受损失,无论它们跟踪什么信号。2007年8月的动荡之后,量化模型在全球金融系统中的足迹之广、影响力之大已经十分明显。一群数学家和物理学家如何成长为对从华尔街到上海的全球市场估值有如此影响力的人物?

黑盒现象

量化交易已有数十年历史，但在20世纪90年代后期，由于新的电子交易技术，该行业经历了一次巨大转型。新技术降低了交易成本，并提供了从单一地点（无论纽约还是得梅因）进入全球股票市场的路径。相应地，量化交易发展为一个由"黑盒"策略构成的新兴产业。

"黑盒"是一种由数学公式定义决策的量化投资策略。黑盒公司基于对历史交易模式的分析来设计模型，预测市场走势。它们依靠在电脑上运行模型来买卖资产，因此，黑盒模型的首要条件是有一种自动交易算法。

使用黑盒模型的公司通常被称为量化投资公司。它们聘请数学家、物理学家以及计算机科学家，而不是传统的工商管理学硕士和基础研究分析师；它们一般通过建模来瞄准小额价格变动，而不是寻找长期投资机会；它们的持有期可能从几周到几小时到几分钟，而不是像共同基金那样持续12~18个月。这些公司利用价格差异的能力出色，并且大多数公司不知道其持有股票的长期估值。它们的业务依赖流动性和波动性，而不像传统投资者那样依赖繁荣的经济增长。"黑盒"这种叫法源于投资策略的模糊性。如果一个投资决策被包含在公式和方程式中，投资者便开始将这样的策略模糊地称为"黑盒"。将投资策略与真正的航空器黑匣子类比，这在很大程度上十分贴切——投资者并不确定盒子内部会发生什么。

第一章 矿井里的金丝雀死了

2007年8月的事件不仅将投资界的注意力转移到黑盒公司，而且还提高了人们对过去十年中量化交易的重要性的认识。它不是一种单一的策略，也并不局限于对冲基金。相反，各种各样的投资公司都在使用量化和算法交易策略。

"黑盒策略"的正式定义是依赖经验模型来管理投资决策的时间和数量的交易系统。这一定义的前提是通过计算机化的交易算法实现自动化。黑盒策略之间的差异不局限于通过不同的公式和方程式来控制交易时机。一个黑盒策略的独特之处不仅在于触发其交易决策的信号不同，还在于其投资目标和风险偏好的差异。即使是监控相同市场事件的两台计算机，也可能以独特的方式对相同的信号进行不同的交易，其差异在于进入和退出价格、持有期和对冲方法。

趋势跟踪（动量）是被理解得最深入的黑盒交易形式。数学模型旨在预测股票价格变动。该模型试图量化市场中的拐点，通过在趋势起点处进行交易并在到达新的价格水平时获利而盈利。

统计套利是一种比定向趋势跟踪策略更复杂的量化交易形式。这些模型试图利用相关证券之间的价格异常来获利。它们通常是非定向的（因此叫套利），因为它们买入一个证券并卖出另一个证券，希望通过定向头寸的价格差异获利。我们可以通过相关证券（如可口可乐和百事可乐或通用汽车和克莱斯勒）的简单均值回归策略来对统计套利策略有一个基本的了解。统计套利策略监控这几组相关证券的"价差"，当价差增加（或减少）到与历史均值有显著差异时选择买进或卖出。

市场中性策略是相关股票结合的一个更全面的延伸。这一投资策略的目标是管理几百只同等美元权重的多头股票和空头股票的投资组合。这些策略也可以强制执行其他类型的中立约束，如贝塔约束（平衡至指数波动）、伽马约束（平衡至市场波动）或行业约束（每个行业达到美元平衡）。执行市场中性策略的经理经常交易数百种证券，以便在众多不同领域和行业中分散风险。他们使用所有可以想到的财务信息——资产负债表、风险因子、经济数据以及分析师的预测，设计出多因素模型，来对股票的相对价值进行排名。

由于电子通信网络（ECN）的发展以及股票市场的自由化，如小数计价法和监管改革，**自动化做市（AMM）**成为黑盒交易的最新形式。自动化做市商通过充当买卖双方交易的中间人，为投资者提供流动性，类似于传统专家或做市商的角色，通过承担暂时持有存货的风险，从买卖价格之间的差额获利。自动化做市公司将技术引进到交易过程中，设计算法以在数千种证券中同时向投资界报出买价和卖价。这些交易公司的频率最高，每天交易数百万个订单，而几乎不会持有头寸到第二天。

算法交易策略是经纪行业对黑盒交易的贡献。这种策略是管理交易指令执行的自动化策略，通常经过优化以最大限度地减少对诸如成交量加权平均价（vwap）或到达价格等行业基准的滑点。传统的资产管理者通过使用金融工程模型自动执行小订单、解除大宗交易，利用这些算法来提高执行服务台的效率。电子交易使他们能够简化业务，减少股票交易的尾部，并专注于需要流动性的订单流。在电子交易开始的几年内，传统的资产管理人员通过算法执行了多达20%的订单流。

第一章 矿井里的金丝雀死了
Chapter 1 The Canary in the Coal Mine

将黑盒交易的增长描述为一种"现象"更合适,在这个历史时期,随着对冲基金公司、机构投资者、经纪公司和自营交易公司同时采用电子交易技术,股票市场很大程度上受到计算机之间交互作用的影响。电子交易技术诞生后不到十年,计算机成为最活跃的投资者。

量化交易的发展

黑盒交易的起源并不局限于一家公司或一个时期。电子交易技术的成熟是一个迭代的过程,其增长的阻力很大。对冲基金公司、经纪公司和机构投资者以不同的速度,探索在哪些领域电子交易可以促进其业务战略和收入增长,从而使用这门技术。

最热衷使用电子交易的是大量利用量化研究的多策略对冲基金和商品交易顾问。文艺复兴科技公司、德劭基金、Trout 交易管理公司(Trout Trading Management Co.)和预言公司(Prediction Company)是率先采用高频交易策略的量化对冲基金。它们是对冲基金中少数自称专用"量化"基金的例子。

最大的多策略对冲基金一直是这一领域的先驱:城堡投资(Citadel)、高桥资本、双西投资(Two Sigma)、SAC 资本(SAC Capital)和千禧伙伴(Millennium Partners)都占有美国市场的一席之地。尽管这只是它们业务的一个方面,但黑盒交易已经占据了它们在金融市场的很大一部分。

主要的经纪公司是一批最早、最积极的技术交易赞助商。它们拥有交易基础设施,可以在自营交易组内利用它们的客户技术。高盛的量化阿尔法策略和摩根士丹利的过程驱动交易（PDT）是两个最成功的量化交易集团，它们在业绩和管理的资产规模两个方面与顶级对冲基金竞争。[3]

随着电子交易技术的成熟，市场中性投资蓬勃发展。应用量化研究资本公司、黑山资本（Black Mesa Capital）、Numeric 投资、马歇尔·伟世（Marshall Wace）等公司早期进入市场中性投资，已经发展成为规模达数十亿美元的基金。它们还将利用行业中最高的杠杆率，因此它们在重新平衡多头/空头投资组合的同时，每天还交易数亿美元。

电子交易改变了量化投资策略的经济状况，因为它让远程参与者更容易进入市场，并大大降低了交易成本。有了这个交易基础设施，一家位于圣菲的公司无论在伦敦证券交易所还是在澳大利亚证券交易所交易，都一样容易。这带来了新的机会。相应地，股票市场的日常波动现在很大程度上受到计算机化投资者之间相互作用的影响，每个投资者都拥有不同的风险偏好和交易逻辑，且各自追求不同的投资目标。

跟踪什么信号？

在金融领域，"有效市场假说"已成为过去近三十年来被最广泛接受的理论之一。该理论认为，股票价格反映了所有已知信息，并随着新信息的出现即时调整。自从20世纪60年代尤金·法玛（Eugene Fama）首次发表这一理论，许多学术研究都重申，股票价

第一章 矿井里的金丝雀死了
Chapter 1　The Canary in the Coal Mine

格确实遵循"随机游走"模型，投资者无法通过对新闻、盈利公告或技术指标进行投机来获得超额回报。

尽管所有证据都表明市场是随机的，仍有足够多的学术研究反对这一理论——这些研究发现，市场存在历史价格异常时期。价格异常是指数据不规则或偏离数据系列的历史常态。投资者如果能够找到这些模式，便可以利用市场效率的降低来获得高额回报。

投资者可预测的行为，比如，对新信息反应过度或对风险进行非理性规避导致的行为，也证明了价格异常的存在。价格异常在季节性影响、盈余惯性[1]以及诸如新闻公告中的价格逆转等事件中都有体现。它们既可以通过经济原因（例如投资者如何应对意外收益公告），也可以通过微妙的不合逻辑的原因（如天气或季节性影响）得到合理解释。

有大量学术研究将价格异常的存在量化。纽约大学的研究人员花了25年来研究1970年至2005年的标普500指数，以评估周内效应。他们的结论是周一的预期回报率最低。投资者会通过在周三而非周一买入股票来跑赢市场。学者们还认为，由于不同的税收监管或交易机制，市场结构会带来效率低下的问题。例如，由于部分投资者会将合约从一个月推到下一个月，未来合约到期日可能会导致市场失衡。许多研究已经证实，关键月度到期日的最后一小时交易

---

[1] 译者注：盈余惯性（post-earnings drift），也称盈余公告后价格漂移（post-earnings-announcement drift，缩写为PEAD），是一种在财务公布后的数周甚至数月内，仍然向超额回报方向连续获取超额收益的趋势。

会加速市场波动。

很显然，量化投资者主张市场效率低下。他们坚信价格异常的存在，并且致力于设计量化市场行为的模型。量化金融（也称为金融工程）是一个丰富多样的领域，吸引着数学、经济学和物理科学等科学学科。研究人员使用许多资源来搜寻价格异常。对于分析师而言，似乎有一系列无穷无尽的经验指标来让搜索效率低下。关于股票的财务表现有数百个经验指标：市盈率、市净率、债务股本比、年初至今的回报、盈利增长、股息收益率，等等。同样，几乎每周都会公布宏观经济信息和调查，以更新投资界的失业率水平、零售支出、通货膨胀以及影响市场估值的许多其他相关指标。

在过去十年中，汤森路透（Thomson Reuters）、经济合作与发展组织（OECD）和MSCI Barra公司等市场数据供应商已将大量金融指标制度化，来自公共证券的这些指标被定期存档。标准的财务数据集分为几个广泛的类别：资产负债表、市场数据、风险因素和宏观经济数据。

资产负债表指标是一组会计指标，用于描述公司的资产负债表和现金流属性：债务股本比、每股收益、费用率等。

市场数据指标是从交易数据中获得的技术变量，例如最后交易价格、开盘价、最高价、最低价、收盘价和成交量。

宏观经济数据是影响宏观经济的统计数据，如失业率或零售额。

风险因素是股票对相关行业因素（如石油、利率、通货膨胀等）敏感度的估计。

量化投资者观察每个可用的数据系列以查看市场异常。任何

第一章 矿井里的金丝雀死了
Chapter 1　The Canary in the Coal Mine

可测的指标都会得到测量。随着电子交易基础设施的成熟，对市场低效率的追求成为一种交易频率越来越高的业务。企业已通过该业务聚焦微观结构，寻找能够识别供需不平衡或市场拐点的日内数值变动。

市场数据指标在每个市场交易时段内的每毫秒都会发生变化。相应地，计算机化交易行业已经朝着追求实时价格异常的方向发展。量化投资者将采取微观视角，通过订单来研究交易，以了解市场变化。从交易范围突破是他们正在寻找的最常见信号。宽客们希望理解供需不平衡，以推断全天的流动性变化。如果他们能够确定一个代表上升趋势开始的拐点，那么就可以加入买入并在动量降低时覆盖头寸（见图1.3）。

相应地，每次股市上扬通常都会带来市场萎缩。当价格走势达到峰值（或触底）并且市场可能恢复到先前水平时，逆势信号试图

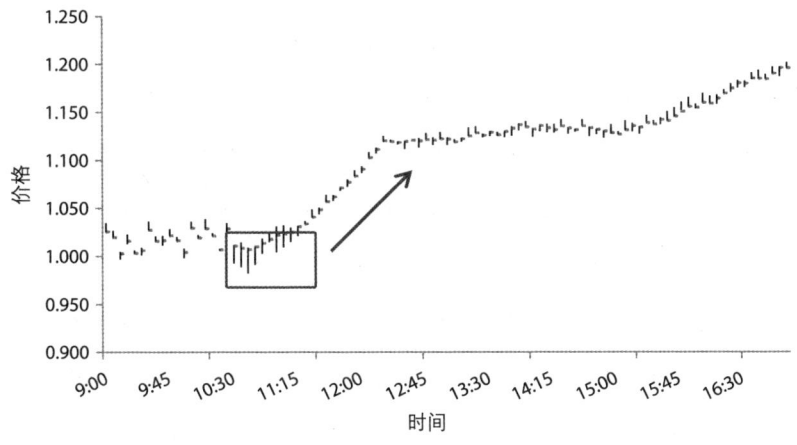

图1.3　动量信号

注：价格指数已按照基准值1.0作标准化处理

识别拐点。如果交易者可以识别向上（或向下）的价格壁垒，他们可以从回归之前的价格水平中获利（见图1.4）。

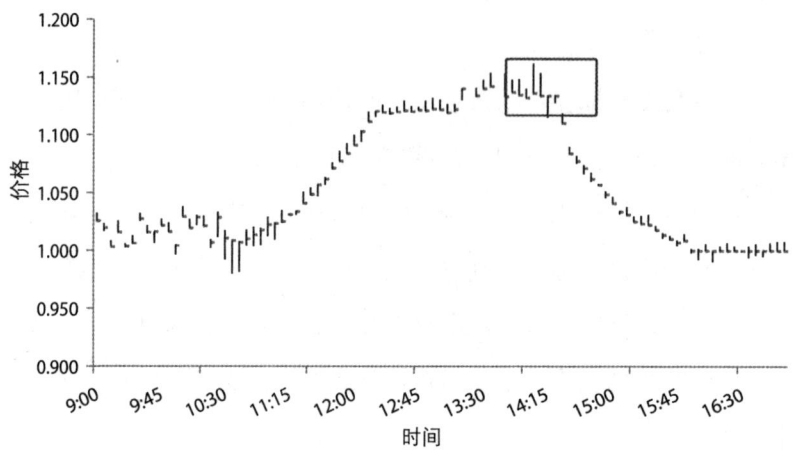

图1.4　逆势信号

注：价格指数已按照基准值1.0作标准化处理

价格异常并不只是表现为定向变动。相关证券之间的价差关系表明有机会采用分散策略。分散表现为一种价格异常，例如两个在某个方面相关的股票出现历史性巨大差距。在一天之内，分散可能是由于一只股票的价格飙升，而高度相关的股票滞后于该股票。假定两者之间的差距将恢复到之前的标准（见图1.5），交易者可以购买价格异常股票而不是另一个。

所谓"异常"，只有在价格不规则时才叫异常，例如偏离常态的情况。量化分析师需要一个参考框架来解释什么是正常范围，什么是较大差异。共同的参考信号是波动率、买卖差价和交易量分布。这些常见的指标能够让分析师解释偏差的强度（或程度）。

第一章 矿井里的金丝雀死了
Chapter 1　The Canary in the Coal Mine

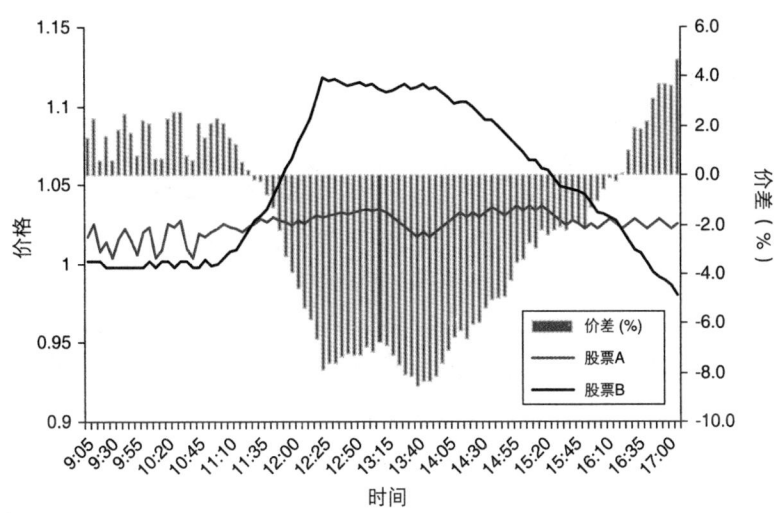

图1.5　套利（或分散）信号

注：价格指数已按照基准值 1.0 作标准化处理

波动率是衡量股票价格平均变化的指标，也是最重要的指标之一。不同股票的波动率差异通常意味着资产风险：人们假定风险较高的股票具有较大的价格波动性。由于投资者的供需变化以及价格变动的时段不确定，整个交易时段的波动性也各不相同。

区间波动率根据股票在一个时间窗口（例如 10 分钟）的收益率的标准差得出，是了解整个交易时段股票预期价格变动的参考。5% 的价格飙升出现在一家数月都在狭窄价格区间内交易的低波动率的公用事业公司，显然比成长股中的类似变动（见图 1.6）更加明显。

价差是市场最佳卖价和最佳买价之间的差额，称为买卖价差（见图 1.7）。价差与交易成本相关，因为它决定了往返摩擦效

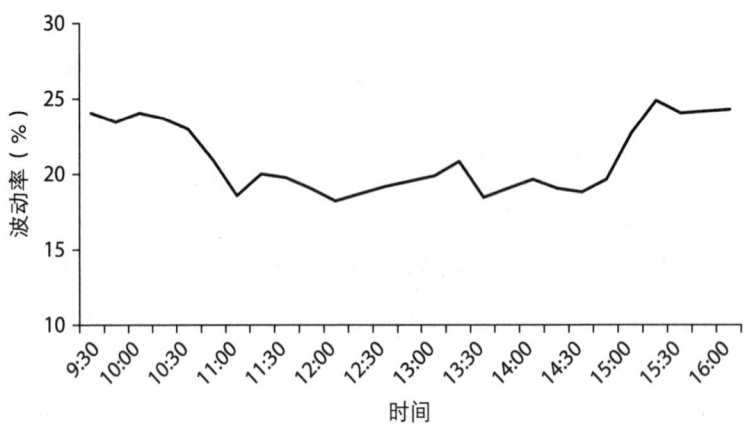

图1.6 区间波动率

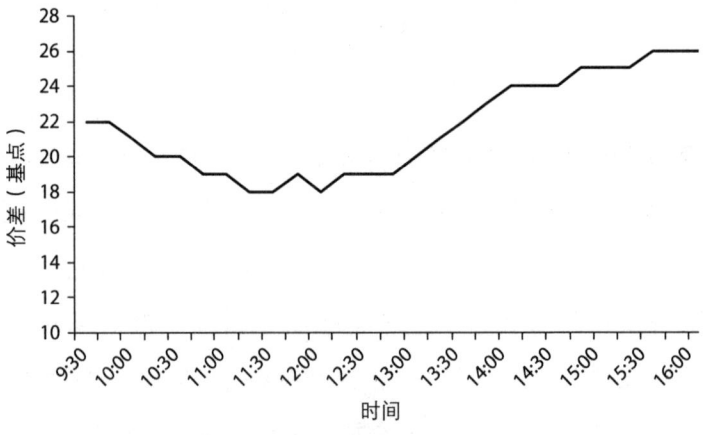

图1.7 买卖价差

应。较小的价差在流动性股票中很常见，投资者愿意以现行市场价格进行交易。大一点的价差在小型的资本化股票和流动性较低的证券中更普遍。全天价差的波动反映了供需失衡以及股票走向不确定性较大（或较少）的时期。

第一章 矿井里的金丝雀死了
Chapter 1　The Canary in the Coal Mine

　　成交量即一个时间窗口内交易的股票数量,是解释股票相对活动水平的指标。全天的成交量波动可包含投资者情绪的信息,也可以表示买家和卖家的相对积极性。成交量分布是解释价格变动的参考框架,价格变动或与历史变动一致,或由于非典型的成交量扩张而不规则(见图1.8)。

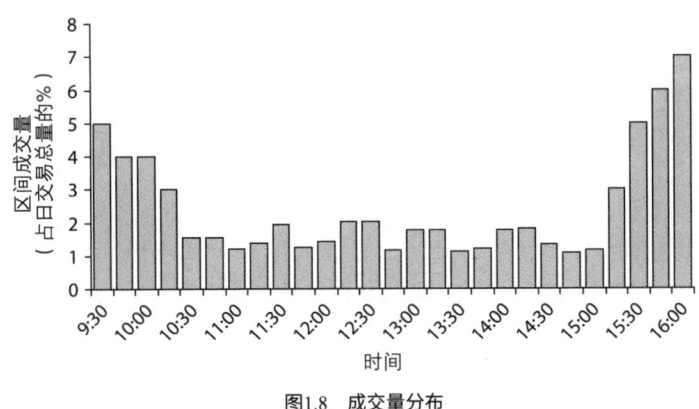

图1.8　成交量分布

　　波动率、价差和交易量尽管只是众多描述股票交易概况的市场数据指标中的一小部分,却是所有量化投资策略中最常见的三个因素,因为它们为不同股票间的同类对比提供了参考。量化交易者正在寻找描述大量股票而不是基于单一股票行为的广义模型。例如,交易者如何理解3%的价格飙升与相关证券2%的价格飙升的关联?

　　量化交易者将其信号标准化成常用单位。他们应用波动率、价差和交易量的分布来将信号排序为标准差单位。他们想将小市值股票3%的价格飙升量化为日内数值波动1.0个标准差内,而公用事业公司 2% 的价格飙升对应 2.5 个标准差。因此，交易量、波动率和价差分布已经成为黑盒策略为了探测价格异常而引用的常用指标。

相同信号

考虑到一系列看似无限的数据和独特的交易策略组合，一个随意的旁观者可能会怀疑是否有理由认为所有这些公司都在跟踪相同信号。对相同信号的提及并不意味着所有指标都是相似的，而是"殊途同归"。

具有相同意图的信号之间会存在高度相关性。例如，动量就是一个可以无数次地推导和阐释的变量：顶部和底部、上升三角形、阴阳线、相对强弱指标、随机振荡指标、指数波动平均值——所有这些多年来在无数的技术交易账簿中都有介绍，在雅虎财经上也能看到。它们只是数据挖掘科学巨大角落（如中性网络、模糊逻辑、遗传算法等）的数学技术的冰山一角。

一家公司可能有更高级的动力预测模型，但它会与其他趋势跟踪者有一个共同的关系——它们会关注相同的股票，只是在不同的时间以不同的方式买入，具有不同的持有期。然而，跟踪相同信号的副产品就是这些策略都将相互影响。

波动率、交易量或价差的干扰是每家公司监控的基本参考指标。当它们按照各自的信号行动时，它们会影响市场，引发其他计算机参与其中。一台机器的动量信号是另一台机器的逆势信号。它们的

第一章 矿井里的金丝雀死了
Chapter 1　The Canary in the Coal Mine

寿命取决于对信号的竞争,而且不仅仅是知道跟踪什么信号,还要知道如何跟踪信号。

自"有效市场假说"发表以来,一直存在关于股票价格变动随机性的学术争论。辩论还将继续,股市始终在变化,但也从未改变。然而有证据表明,至少有一些公司成功地发现了低效率的情况。截至2008年底,统计套利和市场中性对冲基金的投入超过了900亿美元。每天超过400亿美元的全球市场交易都是通过自动化投资策略发起的。

因此,当一台机器跟踪信号时,它与宣布重组的管理团队一样对股票价格具有影响力。买入并持有的传统投资者不会消失,但他们也将会被改变。

第二章　交易的自动化
当机器成为最活跃的投资者

投资者由不同的个人和金融机构组成，有着各自独特的目标和策略。养老基金公司、散户投资者、投资银行、投机者、对冲基金公司以及兼职出租车司机进行股票买卖交易时有着不同的观点和风险偏好。我们认为市场反映了所有这些多样化的表达，达到反映市场"理性"价值的均衡。然而，我们对每一类成员间的相对活动却知之甚少。

我们知道，最常见的大型资本化股票的主要持有者往往是一流的机构投资者，如富达投资（Fidelity Investments）、资本研究&资本世界（Capital Research & Capital World）、先锋集团（The Vanguard Group）、道富集团（State Street Corporation）等投资机构，它们是标普500中几乎所有大公司的前10大股东。过去40年中，美国机构投资者的资产翻了两番，超过10万亿美元（见表2.1）。[1]

虽然偶有对冲基金进入前10名股东行列，但其主要持有人还是由传统共同基金经理组成，他们本质上是买入并持有的投资者。共同基金经理持有大量股票头寸，拥有发行在外的股票的好几个百分点，且通常多年持有这些头寸。

那么，我们是否就可以认为共同基金经理也代表了市场上最积极的投资者呢？威斯康星大学麦迪逊分校的学者们开展了一项研究，该研究采用13F季度报告[1]的数据，使用投资者季度持股数的净变化，采用逆向工程分析了他们的交易活动。结果表明，机构投资者仅占纳斯达克100指数总交易量的20%~65%。[2]

表2.1 前10大机构投资者

持股机构	股份	持股比例 (%)	股票价值（美元）*
富达投资	14455947	4.58	5031536912
资本研究全球投资者	11254980	3.56	3917408338
资本世界投资者	10740100	3.4	3738199206
巴克莱全球投资者	10446851	3.31	3636130959
先锋集团	8016563	2.54	2790244917
道富集团	7789448	2.47	2711195270
安盛投资管理公司	5679969	1.8	1976970010
普信资产管理有限公司	5475892	1.73	1905938969
马尔西科资本管理公司	4263024	1.35	1483788133
杰尼森资产管理公司	3700928	1.17	1288144999

来源：雅虎财经

尽管共同基金在所有主要指数构成中位列前10，但它们仍然是

---

[1] 译者注：13F季度报告（13F filings）由管理着至少1亿美元的股权资产机构向美国证券交易委员会披露其机构持有的美国股权，并提供有关资金的去向。需要提交13F季度报告的投资机构包括共同基金、对冲基金、信托公司、养老基金、保险公司等。这些投资机构必须在每个季度（3个月）结束后的45天内提交13F季度报告。

每天在市场上交易的少数投资者。那么股市的生态是什么样的？谁是最积极的投资者？其投资目标又是什么？

DoCoMo[1]人的传奇

在任何一个正常的交易日，一个日本风险交易员交易的流通量都高达3000万至5000万美元。他很少持有头寸至第二天。他只交易一种证券，即日本电报电话公司，也叫作NTT DoCoMo（9437.TT）。他是日间交易员，以别名"DoCoMo人"闻名日本金融界。

NTT DoCoMo是东京证券交易所流动性最强的证券之一，其每日交易量为2亿美元，占东京证券交易所交易总量的1%。DoCoMo是日本最大的通信公司，拥有700亿美元的市值和近20万员工。公司提供种类丰富的移动通信服务，包括移动电话、卫星通信以及无线局域网等。DoCoMo人对此股票基本面的兴趣也正是它的业务范畴。

在任何一个交易日，DoCoMo人都会在市场开盘铃声响起时准时开始交易，出价1亿美元股票，同时要约1亿美元股票。市场一开盘，他的指令立即被触发，保证通常情况下他最早进入指令簿序列，并且在买卖价格水平中占据优势地位。

1亿美元的指令金额并不是随意设置的，而是基于NTT

---

[1] 译者注：DoCoMo是英文"DO Communication Over Mobile Network"（中文译为"电信沟通无界限"）的缩写，日语里的DoCoMo则带有"无所不在"的意思。

第二章 交易的自动化
Chapter 2 The Automation of Trading

DoCoMo自然卖家和买家的期望交易量得出的。尽管DoCoMo人的平均交易量为2亿美元，但他并不期望他的1亿美元买价或卖价在短期内执行——他实际上希望多数指令一整天都处于排队中。他试图以他的价格水平拥有指令簿，并促使华尔街压低他的买价或提高他的卖价。

这一做市的概念在各类分销企业中十分流行。当汽车经销商折价从制造商那里买入汽车，又将车溢价卖给零售商时，它们就在做市。它们对持有的汽车承担库存风险。然而，在金融界，交易商数量有限，因为监管环境禁止大量市场参与者在一个交易日内同时出现在交易两端。

养老基金和传统的共同基金不能投机于日内交易。考虑到在管理客户指令过程中的利益冲突，投资银行在风险交易中受到严格审计。只有少量公司拥有资本和交易基础设施以维持做市的风险偏好。不过阻碍也创造了机会。

做市商长期发展的一个关键要素是产品需求。好的企业意味着顾客需求可预测。从这个角度看，NTT DoCoMo是一家好公司，因为其潜在顾客非常稳定。NTT DoCoMo的顾客总有自然流动，因为它被全日本的传统投资组合经理和养老基金投资者所持有。

NTT在日经225中的绝对规模使得基金有可能实现每日再平衡，以保持和基准指数一致。这使得股票交易模式有了一定的一致性和稳定性。同样地，因为这是一只公用事业股票，考虑到其不会被广泛投机，它的波动率也较小。

不过，NTT的基本面并不是其有利单日交易特征的成因——其原因与市场结构有关，尤其是东京证券交易所的最小价格变动规则。NTT DoCoMo 的股票价格高于 10 万日元，而东交所规定的最小股价差异（或最小价格变动单位）是 1000 日元。初看起来这一数字并不是太大，但对一只估价 17 万日元的股票而言，这个差异相当于股价的 0.8%。

NTT 是一只公用事业股票，投机者不大可能观察到多大的价格波动。这家公司业务发展稳定，运营利润仅 6%~8%，即使最激进的研究分析师预测的股票价格年增长率也就只有 10%~12%。在一个交易日，NTT 所能经历的大幅股票价格波动也不过是上涨 1.0%~1.5%。这就是说，NTT 以 17 万日元的价格开盘，随后价格超过 17.1 万日元，再以 17.2 万日元的价格收盘。一天内其价格变动了 1.6%，但股票只有三个交易价格（见图 2.1a）。

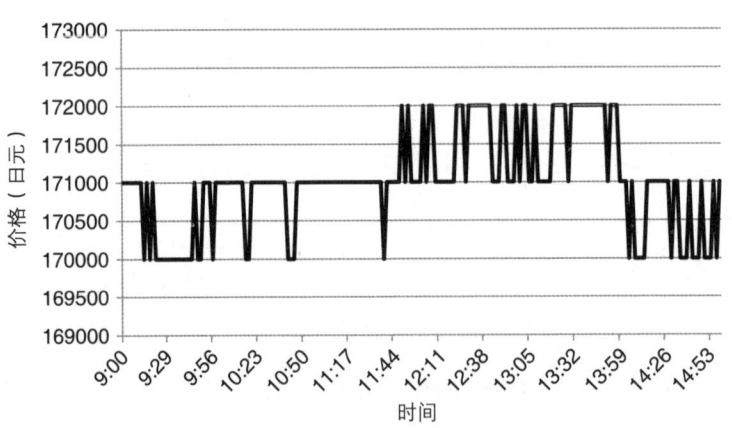

图 2.1a　NTT DoCoMo：日间股价图

亚马逊的市场结构与之不同，2% 的股票价格涨幅会经过 20~30 个期望价格水平（见图 2.1b）。NTT 和亚马逊交易的差别并不是由基本

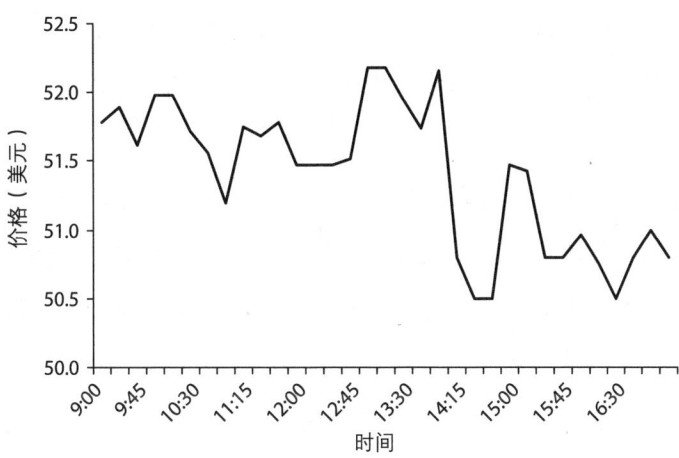

图2.1b　亚马逊：日间股价图

面造成，而在于市场结构的差异。美国股市以 1 美分变动幅度的价格在不同的流动资金池之间交易。而日本的市场结构规定一个单一指令簿的最小价格梯度为 1000 日元。结果，要上涨 2%，NTT 一天内只能在几个价格水平上交易。交易委托账本的优先性是取得流动性的决定因素，成为买卖双方的第一批指令即拥有极大的优势。如果 DoCoMo 人同时在买方和卖方交易 1000 股，他就可以赚到几千日元。

做市是一个深口袋游戏。将小额指令簿插入队列的交易员会觉得他们落后于机构的流动性，且因为优先级不够，很难交易成功。要在游戏中占到上风，交易商就必须取得一定的市场份额。DoCoMo 人必须做好准备，以低于最佳卖价或高于最佳买价的价格水平将其指令放入指令簿深处。

做市的游戏在买卖双方达到自然平衡的交易范围环境下能较好

地运转。在波动性较小的环境下，做市商赚取一天内的买卖价差，理想状况是在3~4个价格水平上进行股票交易，买卖数量比例达到平衡。

交易成本必须要管理。如果交易朝着队列的一边倾斜，做市商的持仓会不断增加，这时候他们可能需要迅速平衡交易队列一边倒的趋势，关闭不断增加的仓位，并且解除整个卖方队列，削价抛售股票。盈利会被削减，这些就是该策略的交易成本。做市商可能在交易日的下午赚到25万美元，然后用7万美元补偿仓位，一直到股市收盘。

做市商每一天的盈利无法预测。在低波动率环境下，每天的盈利可能超过10万美元，然而，做市商也可能很快将这些钱输掉。任何时刻，市场都可能与做市商背道而驰。DoCoMo人可能因为一条新闻遭受剧烈的市场波动：政府宣布减税，一家日本国内银行的收益报告数据不佳——日经指数下跌2%，NTT DoCoMo 迅速回到一般的买卖价格水平。DoCoMo人可能会在持有7000万美元NTT DoCoMo股票的时候遭受冲击，在面临新的最佳卖价时却没有出售指令。如果他过于猛烈地平仓，其卖出行为可能会使股票价格再下跌一个百分点或更多，丢掉1万美元，瞬间损失三周的交易利润。市场微小的价格不利变动可能就意味着几个月的交易利润损失。

DoCoMo人并不是无视市场基本情况。他一直积极地与交易圈保持联系，有时也出席早上的研究会议。他的意图并不在于预测股价变动，而是随时了解市场环境的异常情况——不良收益报告、税收改革、投资者情绪——任何可能破坏市场稳定的因素。他对基本

第二章 交易的自动化
Chapter 2　The Automation of Trading

市场情绪的需要可以被更好地描述为风险管理练习。他的技能也不是一蹴而就的。十多年来，DoCoMo 人作为交易商，受雇于日本国内一家大型经纪商，为日本最大的养老基金和机构投资者处理客户指令。日本的机构投资经理圈子内有一个独特的文化——客户为王。如果一个客户要求一个指令必须按照市价执行，在持有三分钟后卖掉持有量的 10%，然后提高出售价格，重复这一过程，直到交易结束，这些指令必须照样执行，并全天候更新信息。执行客户的要求不能有任何偏差，如有偏差，便都由经纪商负责。

管理客户流动是一个机械操作，但它能让人学到市场机制的微妙之处。东交所在取消或修改队列中指令时存在严重的滞后——从东交所系统发来的取消确认，要经过 30~60 秒时间才能收到，尽管这些指令在请求发出后很快就被取消了。DoCoMo 人学会了驾驭这个机制。他知道市场交易量大增时该如何反应，也学会了机构客户最基本的交易文化——客户如何应对诸如市场上的负面新闻、价格波动等事件。他的"规则库"在不断丰富。

DoCoMo 人也学到了监管环境的关键知识。股票交易，尤其是在机构间的流动，受到严格审计。某一只股票交易量太大可能给市场造成过度影响，招致市场监管部门的注意。以粉饰报表的方式来进行市场操纵的行为在日本将被重罚。掌握行业内不成文的规定是一个需要长期培养的行为：偶尔的侥幸脱险，需要时拍拍肩膀提个醒，让人明白可接受的边界在哪里。

DoCoMo 人要等几年才能开始用自己的账户交易——只有为数不多的公司愿意每天提供 1 亿美元资本给交易商玩。最后，他得到了这个机会,当他第一年赚到的钱超过 500 万美元,而日经指数当年的年度业绩下滑 4% 时,他已经证明了自己作为流动性提供商的潜力。他开启了做市商的成功事业,并将继续年复一年地赚得几百万美元的交易利润。

计算机对计算机交易

20 世纪 90 年代末,美国证券交易委员会引进了各种各样的市场改革,以提高市场效率,鼓励电子通信网络的发展。一系列的技术、行业协议和市场改革使电子交易成为可能。

电子交易是指投资公司能够通过电子网络将订单直接发送给交易所(或其他地方)。电子交易通常被称为直接市场接入(DMA),因为客户可以在交易所直接执行指令,而无需销售员、做市商等任何人工中介。

尽管电子交易的几十年发展历程中充满了里程碑,它在金融行业仍然处于应用的初级阶段。2008 年,人们估计在美国市场,全部交易的 35% 由 DMA 发起,也就是说,投资者自己完成电子交易,无需经纪人。而在 10 年前,DMA 的占比还不到 1%。

历史上,执行订单曾是一项特权,仅属于少数认定的金融专家。在美国市场,《1934 年证券交易法》(Securities Exchange Act 1934)规定成立美国证券交易委员会,并建立了一套新的法律制度来定义公司买卖证券的权利。美国证交委规定,经纪经销公司的雇员必须取得正规执照才能开展股票交易。

第二章 交易的自动化
Chapter 2　The Automation of Trading

《1934年证券交易法》颁布后的几十年里，投资者要购买股票，就需要通过正规券商取得执照的代表执行。也就是说，投资者不能仅仅将指令发给接待员。指令操作过程的各个方面，如经纪人要求保留与客户通话的所有记录，以及迅速执行客户的指令操作，都会受到美国证交委的严格监视。

经纪人是证券交易必要的中介。指定的销售员会与客户交流，接受指令，而一个指定的经销商（或机构交易员）会将客户的指令输入交易终端来执行。执行过程是一套在市场参与者之间完成的人工操作，将数据重新输入进任意数量的交易终端。

执行经销商的角色常常代表一项特殊的技能。不是每个人都能如此敏捷地完成终端操作员的工作。全球大多数交易所拥有专门的终端来输入指令。经销商需要几年的时间才能掌握操控键盘布局的技能，后者经过量身定做，以适应当地市场的指令类型。

电子交易最初的里程碑之一便是脱离了对交易终端的依赖。当金融机构聚集在一起，将指令说明在同行之间以标准化方式传输时，脱离的过程就开始了。买卖股票的指令要经过几个阶段才能执行。当投资者要求经纪人下达指令，该指令要经过一个"等待"阶段，直到销售人员将指令传给交易员，后者接着将指令输入终端，"等待"才算结束。当交易所确认收到指令，指令才进入"开放"状态，也就是说，该指令已经进入交易所的指令簿，但尚未执行。在机构投资领域，指令要经过的这些所有阶段对投资者都十分重要。几十年来，指令在执行前要经过的一系列阶段都是由人工来传递的。

1993年确立的金融信息交换（FIX）协议是指令状态标准化的

一大里程碑。此前,全球交易所描述指令状态的方式各有不同,FIX协议定义了一套标准化的标签来代表这些状态。其成为行业里程碑还有另外一个原因:它允许经纪人不使用交易终端进行操作。FIX协议开始实施后,经纪人可以利用电子技术将他们自有的前端技术与交易所相链接,用FIX协议的语言传递指令说明。这消除了经纪人对终端操作人员的依赖,让他们更灵活地运行交易操作。经纪人可以以他们的交易柜台为中心,让一部分经销商跨市场执行来自同一前端平台的指令,而不是在好几个不同的交易终端来完成。FIX协议允许金融机构通过电子网络用同一语言工作。

FIX协议作为一个重要的构成要素,推动产生了下一代执行场所:电子通信网络。从1996年该行业第一个电子通信网络岛屿公司（Island Inc.）的诞生开始,这些计算机化的市场逐渐发展壮大,改变着证券交易的方式。

美国股市的自由化

电子通信网络是一个自动匹配买卖双方的计算机化市场。不同于手动操作市场,如纳斯达克和纽约证券交易所（NYSE）需要中间人手动连接卖家和买家,电子通信网络完全是电子化操作:当买家的指令与卖家相匹配,指令就自动执行。

电子通信网络起初是1987年10月股市崩盘后美国证交委新规的副产品。在黑色星期一当天,股市下滑,纳斯达克的做市商无法从散户那里将小额指令进行清算,而聚焦于机构投资者。很多零散

第二章 交易的自动化
Chapter 2　The Automation of Trading

指令被忽略，直到市场出现严重下滑。在 1987 年崩盘的事后调查中，纳斯达克市场结构得到更新，以阻止散户在随后的市场错位中受损。

1988 年，纳斯达克建立了一个新系统，允许散户在纳斯达克执行交易指令，这就是小额订单执行系统（SOES）。SOES 是一个电子指令簿，自动匹配买卖双方，处理 1000 股以下的指令。SOES 的建立也使得纳斯达克的做市商能够在机构客户普遍得到最优价格时自动执行零售指令。

直到 20 世纪 90 年代末技术泡沫到来，SOES 的影响才被真切感知，因为当时日间交易达到了最受欢迎的程度。SOES 机房开始在全美各大商场开业。任何人只要有几千美元就可以租一个办公桌和交易终端，终端提供的交易平台和华尔街很多交易场所的差不多。

不过，SOES 平台也有其局限性。由于它是为小型零售指令设计的，因此不适合机构投资者。电子通信网络的方便在于它们将电子指令簿发展到商业化水平，适合机构客户。该行业最早的电子通信网络之一岛屿公司是一个成熟的交易平台。岛屿公司设计的电子指令簿改善了传输逻辑，效率在当时最高。该公司是一个商业化的平台，在速度与指令处理效率方面能够匹敌纳斯达克交易所。岛屿公司以及其他早期入场者如 Instinet 等，已经准备好与交易所竞争，为自动执行指令提供一个备选场所。

在电子通信网络发展的早期，它们很难吸引机构投资者。因为电子通信网络独立于交易所，它们的价格并没有传递给所有的市场参与者。电子通信网络经常有更好的价格（给卖家的买价更高，给买家的卖价更低），但机构投资者看不到这些。纳斯达克做市商最初并没有义务在电子通信网络上交易或匹配它们的普遍价格。转折点在 1997 年到来，当时美国证交委在其另类交易系统监管（Reg ATS）备忘录中引入了新的订单处理规则。美国证交委给另类交易场所下了一个正式的定义，提供了一个框架来登记和监管这些新型执行场所。美国证交委允许电子通信网络决定是否注册经纪人——经销商或国家交易所。[3]

另类交易系统监管指导规定了一些细微的规则变化，以管理电子通信网络与传统做市公司之间的互动。"有限指令显示规则"规定，专业人士和做市公司应该在另类交易系统上公开显示更好的报价。美国证交委第二条规则，即"报价规则"，要求专业人士和做市商为客户提供最具竞争力的报价。相结合的两个规则让电子通信网络和传统做市商能够公平竞争。任何一个场所都必须向另一方公布最佳报价，确保公众不管在哪里执行指令都可以得到最好的价格。

1997 年 12 月，另类交易系统监管开始实行，它立即成为电子通信网络吸纳机构投资者的转折点。电子通信网络指令簿的广告出现在传统做市商的指令簿里。机构投资者能够接触到散户和非传统做市商的浩瀚宇宙。电子交易的环境逐渐成熟，但真正改变游戏规则的最后一步还在于计算机对计算机的交易。FIX 协议和电子通信网络的出现开启了电子交易行业的初级阶段，但多数交易仍然通过电话完成。虽然经纪人已在使用电子交易网络进行交易，他们从客户那里拿到指令也还是通过人工手段。

第二章　交易的自动化
Chapter 2　The Automation of Trading

1997年，盈透证券（Interactive Brokers）使用一种新产品大幅改善指令提交效率：计算机对计算机接口（CTCI）。盈透证券是第一家允许投资者通过应用程序编程接口（API，一种低级的编程语言）将其系统相连的公司。CTCI让投资者不再依赖传统的前端指令输入系统。客户不再需要将指令输入前端系统，也不需要用电话提交指令。有了CTCI，他们可以将自己的前端技术直接链接到经纪商，开始自动完成指令提交的过程。

对量化投资者而言，计算机对计算机交易将开启一个新时代。他们的交易策略将实现自动化。相应地，股票市场的生态也将发生变化。

技术的影响

对冲基金交易者热切地等待电子交易技术的成熟。尽管技术进步并不代表经济环境的根本变化，但这种在权益市场上交易而无需经纪人、专业人士等中介的能力带来了重要的机会。DoCoMo人的成功在对冲基金圈子里并不完全是个谜。

几十年来，对专业人士以及纳斯达克的做市商而言，做市都是一个赚钱的事业。对冲基金交易者认识到了参与的机会，而电子通信网络是催化剂。对于对冲基金交易者而言，做市既是机械规则的游戏，也是本能。交易商的成功不是他们对市场的方向性观点准确，相反，他们已经学会了如何应对市场条件。他们发展出规则以应对在市场中观察到的"信号"。

对冲基金交易者将这种交易风格描述为"启发式教学法",通过这种方法,人们在反复试验中学会一套规则。交易商不完全是机械的,他们的决定每天都在变化,但大体上他们的长期发展是基于实践经验。他们从实践中学习。对冲基金交易者认为他们也可以学会这些规则。电子交易的出现为他们提供了参与机会,尤其是参与到比主流证券小众的证券交易中。

20世纪90年代末,得益于技术行业的长期牛市,纳斯达克股市流动性达到历史新高。微软和思科系统位列全世界交易最活跃的股票,单日交易量数以亿计。考虑到技术股票的活跃性,交易最频繁的证券的买卖价差(股票买入指令和卖出指令的价格差)都很小。价差的最小增量是1/16美分。但是仔细看看几千个证券,价差经常很大,如5/16美分。纳斯达克的做市商对这些名字没那么感兴趣,因为有太多股票要关注,而他们一般看最新技术和"互联网+"行业。

对冲基金交易者意识到基于规模经济,在流动性较弱的股票中,存在价格改善的机会。计算机可以监控几千只证券,同时在整个市场上双向报价。一台计算机可以复制一整个房间的做市商的行为。[4]航空公司、公用事业和房地产行业机会不错。对冲基金交易者可以通过改善普遍的买卖价差来参与做市,每一单收益可达1/8美分到3/16美分。一个交易商一天内就可以赚到几千美元。他们都作为纳斯达克的做市商参与到一个类似的游戏中,为市场提供流动性,同时通过承担风险来赚取差价。

对冲基金交易者相信,他们最终会超过传统做市商。他们的规

第二章 交易的自动化
Chapter 2　The Automation of Trading

则库会继续发展，学习各种各样的交易场景，设计越来越多的智能策略以管理风险。他们的业务非常适合那些有数学背景的专业人士，可以供其设计模型以实现利润最大化。

对冲基金交易者学会这些自动投资策略的途径是在其他投资者鲜有涉足的领域开展研究：指令簿。他们研究指令簿的运作机制、买卖价差的变化、日间买卖双方比例、从提价交易到低价交易的变化频率、交易速度——这是一种研究市场的新方式。不管潜在公司的基本面如何，通过观察"微观"层面的交易模式，这些对冲基金就可以得到很多关于股票的信息。市场竞价的极度不平衡给股价带来上涨压力。卖方的交易突然消失也明显地带来反转。

对冲基金公司相对于个人交易者也有显著优势。它们可以将风险分散给几百甚至几千只股票，而不是只交易单个股票。如果它们刚好碰上一只下跌的股票，它们可以用关联股票来弥补损失，对冲市场风险。它们可以将投资组合理论的最新成果应用于做市这项古老的业务。

随着对冲基金交易者开始参与自动化做市的游戏，他们也开始认清我们的朋友 DoCoMo 人体会到的诸多陷阱。市场滞后、系统中断、交易量突增、交易失衡给优化问题带来了大量的不确定性。他们的模型中还需要加入大量的逻辑或交易规则。如果期货大幅下跌，对冲基金交易者可能会取消所有还未完成的购买指令，并立即投资组合的 10% 来覆盖损失。如果指令簿上买方价格变化大于卖方，他们会取消所有的卖出指令。游戏的成功取决于驾驭市场机制的能力，以及理解指令提交、取消和修改的限制和应用的能力。

对冲基金交易者将此项业务发展出了新高度。他们可以获取所有在整个交易期间实时播报的逐笔交易数据并将之作为资源来测验他们的交易逻辑。利用历史数据库，对冲基金交易者可以仔细观察数据，理解交易模式，估计价差对盈余公告、新闻报道和指数波动的敏感程度。这对做市而言是一种科学的方法。

美国证交委将继续加大市场改革力度，提高市场效率。[5] 市场将观察到价差的影响和相应的交易成本减少。对冲基金也将制定更具创造性的策略，在技术投入方面更具竞争力。所谓的"黑盒"交易开始在市场中崭露头角。从 2000 年到 2005 年，电子交易门户网站 DMA 从启用阶段的使用水平发展到占美国市场总交易量的 30% 以上。纳斯达克股票的平均产品利差从 30 个基点（0.30%）降至 8 个基点（0.08%）。在纽约证券交易所大厅工作的人数从 1999 年的 3000 人减少到 2007 年的不到 1200 人。

计算机化的交易商已经到达华尔街，蚕食着传统做市商。

系统化的行业

自电子通信网络诞生以来，计算机化的交易商已成为市场提供流动性颇具影响力的来源。自 1997 年另类交易系统监管启用以来的十年间，它们已经占据全美市场交易的三分之一，从简单的基于规则的交易发展为迄今为止最复杂的投资组合策略。

将股市视作经济的晴雨表已然是我们的传统，经济的健康状况反映在整个交易日股价普遍的上涨和下跌之中。我们认为，公共政策、

第二章 交易的自动化
Chapter 2　The Automation of Trading

创业精神和科技创新是经济繁荣的驱动力。

不过，在任何一天，市场的一些日间波动都会受到一小波参与者支配，他们对政治家和经济学家的长期态度知之甚少，他们偏向于专注市场结构的知识以及连接买卖双方的机制。在我们这个系统化的年代，每日的高点和低点很大程度上受到黑盒策略之间竞争的影响，每一个策略都在应对市场机制的过程中表现出独特的风险偏好和目标。

电子交易平台的进步使得这个行业经历翻天覆地的变化。量化公司已经进入传统市场参与者——无论是芝加哥商品交易所的场内交易员、纽约证券交易所的专家还是日本的交易方的领地，并且正在蚕食他们的生计。因此，市场生态已经远离传统的共同基金经理和 DoCoMo 人等业内人士。

黑盒公司在很多方面已成为先驱，在金融机构中最早应用电子通信网络，并分析独特的数据来源以制定投资策略。[6] 充分利用当前的市场条件并适应市场，始终是一个学习过程。这一过程中并非没有陷阱，正如这些公司学到的，改变不可避免。唯一真正的最优目标就是生存，为了生存，它们必须适应。

DoCoMo 人也从反复试验中学到了很多东西。这些年来，他逐渐发展，变得非常精通市场，并在 2007 年创下了 2500 万美元利润的纪录。然而，他的巨额财富在不到一年之后就走到了尽头，而这与次级抵押贷款或信贷无关。

2008 年 7 月，东京证券交易所为了提高市场效率和吸引外资，审查了其市场结构，并决定将价格超过 10 万日元的股票最小价格变动单位从 1000 日元降低到 100 日元。对于 NTT DoCoMo 来说，这意味着从 80 个基点的点差减少到 8 个基点的点差。确保两个或三个价格梯度的狭窄价格交易范围的市场规则被消除，交易商也不再能够以任意价格水平拥有指令簿。

　　日本市场已经逐步发展。人们最后一次看到 DoCoMo 人的哭泣。

第三章　黑盒哲学

为什么最好的对冲基金经理不出席
投资者会议

每年9月，全球顶级投资公司的投资专业人士会受邀出席一个投资者会议，这是行业内最独特、最高级的会议之一，由一家名为里昂证券亚洲分部（CLSA）的亚洲独立调查公司举办。

CLSA会议每年在中国香港举办，吸引了全世界1000名顶尖基金经理和500名企业高管参会。会议阵容和议程展现了其独特之处，也使之成为业内杰出资金经理追捧的对象。CLSA会议汇聚了各种各样发人深省的话题以及具有前瞻性的行业领袖，甚至还有20世纪70年代的摇滚和流行偶像。

2007年CLSA会议的主要发言人是鲍勃·盖尔多夫（Bob Geldof），他是英国摇滚乐队新城之鼠（The Boomtown Rats）的前主唱，也是世界知名的支持消除非洲贫困的政治活动家。从1985年他发起"拯救生命"（LiveAid）音乐会以来，盖尔多夫一直致力于提高人们对非洲国家持续性饥饿以及维持贫困现状的政策的认识。2005年的大部分时间里，他一直在研究非洲问题，这项研究被称为"非洲委员会"（Commission for Africa），应英国前首相托尼·布莱尔（Tony Blair）的请求发起。盖尔多夫非常有资格对CLSA会议的参会者发表有关非洲经济、政治和地理问题的讲话，也有资格评论未来几十年内，全球协同对非洲增加国际援助、扩大对外贸易、提高生活水平将会带来的投资机会。这是他成为主要发言人的原因。除了与明星亲密往来的机会外，投资者还在寻求对非洲国家公共市场长期发展潜力的理解。

作为一家独特的、致力于开展差异化的投资研究机构，CLSA赫赫有名。[1]这家公司以其视野广阔、长期寻求投资主题而闻名。盖尔多夫只是过去20年里在CLSA会议上现身的众多独特演讲人之一。

近期，一位世界级的基因科学家受到该会议的邀请，展示了利用转基因蚯蚓来解决全球变暖问题的潜力。这一过程是通过一种消耗二氧化碳排放的转基因消化系统来实现的。研究方面的突破可能还要数年时间，但投资者们热衷于了解这一过程的细微之处，以及在未来几年内商业化的可能性。

曾经在一场CLSA会议上，一位以色列反恐怖主义专家与一位巴勒斯坦激进分子就加沙地带的未来展开了激烈辩论。辩论提供了一个独特的平台，让投资者们更好地理解两个群体的历史分歧、当前环境和未来10年维持稳定的可能性。投资者无法单从他们的研究出版物中轻易地推断出政治稳定的影响因素。通过出席会议，行业的杰出资金经理们可以对经济局势与政治趋势有更加清晰的认识。

第三章 黑盒哲学
Chapter 3 The Black-Box Philosophy

在诸如富达、威灵顿（Wellington）、普特南（Putnam）、美国世纪（American Century）等大型投资公司，专业基金经理可以得到大量资源来分析投资机会。基金经理每年可能会出席10~20场投资者会议，其中既有CLSA会议这种宏观经济类会议，也有诸如癌症研究、越南银行或拉斯维加斯的博彩公司等细分行业话题类会议。在会议和出差期间，价值投资者可能会见到几百位他们正在估值的公司高管，不管是首席执行官（CEO）、首席财务官（CFO）还是首席投资官（CIO）。大型基金的经理大量参与公司管理，因为他们通常有能力在公司中担任重要职位。像富达这样的公司有足够的影响力成为很多大盘股［不管是麦当劳、微软还是美国电话电报公司（AT&T）］最大的机构股东。机构基金的绝对规模让它们进入公司管理高层。盈余公告发布后，基金经理有望从CFO那里获取经他个人整理的盈余结果。任何一天，如果公司出现负面新闻或谣言，基金经理可以马上打电话给CEO，听取他的评论。

基金经理还拥有许多分析师团队，为他们的估值模型提供详尽的资产负债表分析。除了内部分析之外，机构投资者还经常请卖方研究分析师来进行评估。他们总是在阅读最新的研究报告，与他们的众多行业联系人讨论投资理论。

不过，及时获取研究报告和直通公司管理层还不足以让基金经理对市场负面事件做好准备。即使是拥有分析师团队和宏观经济顾问的顶尖资金经理，在2008年秋天那场经济海啸发生的时候，也有些措手不及。

2008年9月底，CLSA投资者会议在中国香港闭幕后几天，

跟踪信号： 黑盒交易如何影响从华尔街到上海的股市
Chasing the Same Signals: How Black-Box Trading Influences Stock Markets from Wall Street to Shanghai

全球市场开始观察到市场修正。接下来几周内，道琼斯指数下跌30%，其他类似的全球性指数如DAX指数、伦敦金融时报100指数、恒生指数和日经指数也经历了同样的下跌。由于投资者们对美国国债安全性的风险偏好降低，新兴市场和货币受挫最为严重。没有行业可以承受得住这种市场修正。曾经好几年收益报告上表现稳定的公用事业股票也在这场混乱中大跌。事实上，市场正在经历全面再评估。2008年，价值投资者位列业绩最差的基金经理，大多数公布了40%的跌幅。多数大型投资公司表现得手足无措。沃伦·巴菲特（Warren Buffett）掌管的伯克希尔·哈撒韦公司（Berkshire Hathaway）2008年损失了38%的市值，和道琼斯的跌幅差不多。

尽管2008年成功的故事寥寥无几，仍有一类对冲基金在市场动荡中幸免于难。这群对冲基金经理并不出席CLSA会议，他们甚至没有出现在这一重要场合的邀请名单上。他们一年内都没有见过一位CEO或CFO，也没有在盈余公告发布后与任何人打过私人电话。没有人教他们看财务报表，因为他们对传统研究并不了解。这一类对冲基金经理叫作黑盒投资者，他们将比同行更好地度过全球金融危机。

2008年表现最佳的对冲基金公司是文艺复兴科技公司。这家位于康涅狄格州长岛的公司成立于1986年，创始人是数学博士詹姆斯·西蒙斯（James Simons），该公司以聘用数学家、天体物理学家和计算机科学家设计和管理其一系列黑盒策略而闻名。文艺复兴科技公司2008年收益率达58%，连续20年保持了两位数的增长水平。[2]

第三章　黑盒哲学
Chapter 3　The Black-Box Philosophy

2008年11月，西蒙斯受邀与美国国会众议院监管与政府改革委员会交流，分享了他关于本次金融危机的观点，并就对冲基金在全球市场系统性风险中的作用发表了看法。在对金融危机源头进行评论时，西蒙斯将他的文艺复兴科技公司描述为一家"非典型投资机构"。[3] 2008年表现最佳的对冲基金公司并没有招聘工商管理学硕士（MBA）毕业生，没有订购卖方股票研究，其基金回报率与市场变化方向没有相关性，这些都是其非典型性的缩影。

科学与经济学的联姻

量化投资者一直是投资专业人士中一个隐蔽的群体。基于价值的投资者与黑盒投资者之间几乎没有相似之处。量化投资者关注任何可以测量的方面，而传统投资者看的是业务中无法测量的部分。这些公司在投资过程的各个方面——从如何决定股票价值、如何实施投资策略到企业文化，都各有特点。

传统投资者想要理解公司无形的方面，如品牌、管理能力和公司策略。这些方面的质量并不能通过查看公司的资产负债表得到很好的理解。举个例子，星巴克的建立是基于其"激发并孕育人文精神"的愿景。如果投资者仅通过资产负债表将星巴克与另一家咖啡连锁店进行对比，他们会错过历史上一个最大的成功案例。传统投资者在寻找由霍华德·舒尔茨（Howard Shultz）这样的人管理的公司，他们既有远见也有能力打造一个全球连锁品牌。

传统的投资研究主要是定性研究。投资者想要了解更宏观的经济局势，然后确定某一地区或行业最适宜投资的股票。政治稳定、监管环境、对外限制和税收、汇率升降以及人口统计等都是影响他们投资信心的因素。在仔细查看这些地区潜在公司的资产负债表之前，他们希望先解释宏观经济状况。

一旦发现了投资主题，他们会关注该行业或该地区有望增长的最佳股票。他们详细阅读资产负债表、公司策略、消费趋势以及竞争优势，接着基于资金的最佳资产价值构建一个投资组合。卖方（即投资银行）的研究分析师、CFO和公司内部人员是他们获取信息的主要来源。

实证分析也可能用来对投资组合经理的投资意见进行补充，但他们的多数决策还是基于定性因素。他们提出一些问题，如该行业处在商业周期的哪个位置？管理团队是否强大？公司产品是否有强大的品牌？对应年龄段的消费者是否有可支配收入？他们希望了解股票在未来 6~18 个月（或更长时间）内的盈利状况，并基于对盈利潜力的评估来判断股票价格是否公允。

量化投资者则相反，他们不了解主观因素。他们不关心公司管理质量或使命宣言的独特性。量化投资者更倾向于在股票交易历史的细节之处做文章。他们在比较星巴克和麦当劳时不是看其销售的产品，而是看两家公司股票价格走势的波动性和流动性。

量化投资者关注一种完全不同的经济问题。他们不关心对市场或总体经济形势的长期看法，他们关心的是投资者之间如何互动，这种互动如何通过波动性、流动性、价差等股票交易表现来显现出来。

宽客们也并不了解市场的总体估值。

量化投资者想要了解供需不平衡是否由投资者的风险偏好导致；市场结构是否影响股票波动性；投资者行为是否有很多典型性偏差。这些都是通过"价格异常"显现的因素，也是那些非随机波动的市场行为模式。

量化投资者关注股市行为广泛存在的细微之处。分析师评级的变化是否影响股票价格？市场处于困境时期，价值型股票表现是否优于成长型股票？为什么表现逊于市场的股票往往会在1月反弹？这些都是"计量经济学"的专家们要问自己的问题。

计量经济学

计量经济学是统计方法在经济理论研究中的应用。该领域的经济学家们在寻找基于经济后果产生的"价格异常"。他们希望理解会计实务的变化如何影响股票未来的盈利表现；利率变化如何影响市场估值；税率如何影响消费者价格指数。

计量经济学家根据基本经济学理论构建实证模型，量化经济数据之间关系的统计意义。他们向自己提出问题，例如：为什么低市盈率的股票在10年期间内的表现优于高市盈率的股票？为什么封闭式基金在12月上涨到净资产价值？为什么价值型股票在经济衰退时期表现优于成长型股票？宏观经济新闻发布对股票波动性有什么影响？

计量经济模型是广义主题，用于量化技术指标在预测股价走势、波动性和流动性中的统计意义。这些模型是基于健全的经济理论和直观概念形成的。数学模型允许经济学家们测试理论的优点，并量化股票之间的相对价值。

微观结构研究

相比之下，微观结构研究在分析股票如何交易时更加注重细节。股票市场的微观结构研究是经济学的一个新兴领域，在过去10年内日益突出。这门科学研究市场机制在价格发现过程中的角色。经济学家们想要理解不同的指令类型、透明度规则、信息传播和拍卖机制如何影响股票交易情况，即不同的市场机制是否会导致股票平均价差、波动性或流动性方面的差异。

微观结构研究对黑盒公司意义重大，因为它是理解执行过程的中心。这一研究允许量化公司判断实施交易策略的最佳方式。量化公司想要了解如何最小化相对于执行基准的交易成本，如成交量加权平均价或市场开盘价；如何执行100万美元指令并对市场造成最小的影响；当买卖价差超过历史平均水平时，延迟交易是否有利等。

优化和执行

运筹学（或数值优化）为微观结构研究过程做了补充。黑盒公司运用优化方法达到一系列目标：在策略执行期间最小化交易成本；最小化数千只股票的风险集中程度；最小化与指数波动的相关性。数值方法是量化投资者用来最大化交易利润的工具。

技术可以说是任何黑盒策略中最重要的能力。不管实证模型质

第三章 黑盒哲学
Chapter 3　The Black-Box Philosophy

量如何，量化公司必须问它们自己是否有能力执行策略。它们能否在一天内交易数千只股票？是否了解市场机制的滞后性？能否在指令簿中取得优先地位？

最成功的黑盒公司都有一个共同点：最先进的执行平台。它们的技术允许它们参与股市上扬，实时对冲风险，并充分利用短期价格差异。没有技术实力，它们就无法在市场上领先同行一步。

很多科学领域都适用于理解股票市场，如模糊逻辑、专家系统、中立网络和模式识别。虽然量化公司可能采用不同的实证方法，但它们必须问自己同样的基本问题：是什么宏观经济理念在驱动价格差异？我们是否了解市场结构？实施策略的最优化方式是什么？我们是否有技术取得优势？因此在该思维过程中的任何层面上，黑盒公司都有所不同。有些公司更擅长设计计量经济模型，而其他公司更有能力每天执行数千个交易指令。要在投资界立足，每一家公司都得依靠将科学和经济学结合，并充分利用其优势的能力。

与传统投资者相比，总体经济环境对于黑盒公司而言没有那么重要。"水涨船高"这一说法并不适用于黑盒公司。量化投资者会因为他们有能力理解市场结构的细微差别，并实施捕捉短期低效率的策略而取得成功。黑盒投资策略是金融市场的润滑剂，依靠买卖双方的互动获利。

文化差异

测量、管理和建模是量化投资行业的重要内容。传统投资经理倾向于花时间与公司管理团队、政治顾问以及研究分析师交流收益情况的最新信息，而量化投资公司则倾向于收集数据，将盈余历史数据建模，研究其波动性和动量。

基本投资界和黑盒圈最大的差别之一在于它们对传统卖方研究的处理方式。独立研究评级机构格林威治联营公司（Greenwich Associates）做了一项调查，据估计，共同基金每年要花费高达 60 亿~80 亿美元的佣金从投行购买美国的研究产品。全套研究产品包括书面研究出版物、与研究分析师的交流沟通以及可交易资产列表。顶级共同基金可能有 200 多位销售和负责研究报道的员工，专门服务于其全球账户。

卖方研究的缺点众所周知，并且已经在许多行业研究中得到证实。技术泡沫峰值时期，对卖方研究的一项调查强调，75% 的分析师建议是"买入"。研究证实，分析师的自然倾向是对特定股票的前景过于乐观。分析师与公司管理层的关系使得编写股票的负面报告变得困难。"卖出"建议可能会对该关系以及吸引投资银行业务产生不利影响。

即便存在这些众所周知的卖方研究缺陷，传统的基金经理每年仍然会花费数十亿美金购买。此外，行业调查表明，仅有不到三分

第三章 黑盒哲学
Chapter 3　The Black-Box Philosophy

之一的共同基金经理实施了任何一种形式的系统过程[1]以量化研究报道的准确性。他们投了几十亿美金在研究上,却没有试图判断研究质量的好坏。但在2002年,一只伦敦的量化对冲基金决定使用"衡量"的方式来判断卖方研究。结果,这只基金成为行业内盈利最好的对冲基金之一。

马歇尔·伟世是欧洲最大的对冲基金机构之一,其管理资产达150亿美元,通过结合定性研究与定量研究分析的创新流程获得了成功。在20世纪90年代其刚成立后的几年内,该基金采用传统的股票选择法。2002年,它决定引入量化方法来测算卖方研究的质量,最终开发了一个叫作"交易优化组合系统"(Trade Optimized Portfolio System)的自有系统,也就是现在被业内人士所熟知的TOPS。

TOPS的本质是一项经纪人调查,用以收集研究分析师和股票销售员在行业内的股票选择。每天上午,行业内卖方的销售人员和研究专业人士会登录马歇尔·伟世的系统,记录他们当天的最佳想法。马歇尔·伟世并不接受经纪人的电话。它希望将与卖方专家的互动标准化,"衡量"其推荐股票的质量。每天上午,卖方专家必须将他们的想法输入马歇尔·伟世的TOPS系统。就像他们给客户打电话讨论观点一样,销售人员将会与TOPS系统沟通,记录确定性较高的想法、买卖建议、对市场时机的观点以及长短期预测。该系统

---

[1] 译者注:系统过程(systematic process)是一种管理手段,一般旨在减少人为或技术功能导致的过失、错误和故障并降低其严重性。

允许销售人员瞄准单只股票（或股票组合）、方向和目标持有期、目标进场和出场价格，并且欢迎任何意见。系统会保持每日损益表记录，如果观点有变化，销售人员能够在目标持有之前平仓。TOPS算法会收集所有的调研信息，量化销售专业人员的能力。该算法的目的是衡量人们擅长什么，比如，他们是否擅长选股或判断市场时机？他们的升级（或降级）研究是否走在市场前面，还是只是跟随趋势？系统会根据每个销售贡献者产生盈利创意的能力排名。接下来，TOPS将基于那些最有能力的贡献者，构建一个多头头寸和空头头寸的投资组合。行业内几千名贡献者参与调查，但只有少部分人的想法可以在组合内实施。

TOPS策略背后的理念非常直观，是一个很好的商业案例。金融业充斥着数百名股权销售专业人士，他们每天投入12小时来审查和评估其公司的股权研究。马歇尔·伟世认为，在数百名专业人士中，有些人很擅长选股，不断挑选赢家和输家。通过衡量其系统内的销售额，该机构可以推断谁拥有最一致的能力。通过实施TOPS流程，马歇尔·伟世得以有效地将其内部投资组合管理外包给经纪行业。马歇尔·伟世没有建立自己的研究分析师团队来做投资决策，而是利用整个投资界来为其投资过程出力。它处理股票选择的系统化方法消除了投资的大部分情感因素。它并不随大溜地接受当天的故事或最新的研究，而是量化了一大批贡献者，并根据这些专业人士的一致看法做出投资决策。

马歇尔·伟世经历了几年的成长才得以实施其独特的流程。显然，销售人员将想法录入系统，而非直接与基金经理交流，是一个很大的不同。存在很多激励因素促使经纪销售人员参与 TOPS 调查：马歇尔·伟世与为其创造收益的经纪人分享利润。它的股权佣金分配给为基金业绩做出贡献的经纪人——这和传统长期基金经理对经纪人排名的方式大致相同，但马歇尔·伟世流程旨在消除所有的情绪因素。赚钱的销售专业人员将获得一部分利润。这是一个激励性的系统，并且十分奏效！

TOPS 可以被更好地描述为混合策略和自动化黑盒策略，虽然它仍然是一个系统化流程。马歇尔·伟世一直在基于市场环境中的不同意见重新校准算法。鉴于分析师们跳槽、变换工作、离开这个行业，TOPS 也在遭受贡献者的损失。超过 20% 的贡献者每年都在变化。因此，该系统非常活跃，随时间推移而发展。

实际上，马歇尔·伟世对 TOPS 的创新将一种新的问责制范式引入了金融行业。经纪人从来没有测量过他们分析师选股的能力，因为评估分销业务一直以来都是一个主观的过程。客户主要根据服务强度、分析师访问权限、呼叫及时性等主观方面来对销售熟练程度进行排名。马歇尔·伟世向业界证明，通过引入系统化流程，投资策略可以非常赚钱。它也证明了如果没有指标，人们就有相当大的动力去自己测量。

测量、管理和建模

传统投资者和量化投资者的差异远大过他们在投资策略和研究过程方面的差异。两个群体之间的差异同样存在于他们的文化和信仰体系。

科学家天生就有"测量、管理和建模"的内在需求。他们对主观意见或无形研究难以苟同。他们的投资策略围绕一个假设及其支持性研究。[4]

当然，传统投资研究有更大的魅力。全球公司经常建立在它们CEO的领袖气质和商业计划书的力量之上。传统投资者将自己的角色看作公司的合伙人，与行业管理层一起完成长期目标。量化投资者关注的地方被视作长期投资者眼中微不足道的细节。无论股票短期波动增加还是减少，对传统投资者而言都不是什么问题。无论市场结构是否影响买卖价差大小，也不是那些打算持有至少 3~5 年的投资者所关注的因素。

黑盒投资策略可以更好地被描述为一种"哲学"。投资者要么是信徒，要么根本不信教：市场的短期波动是随机的，还是模式化的；交易技术是核心的收入来源，或只是开展业务的成本；执行能力是顶级基金业绩的决定因素，还是所有基金的重要因素。人们很少有意识地选择归属于哪个阵营。

黑盒群体

文艺复兴科技公司成立于 1986 年，是历史最悠久的量化对冲基金之一。除了 2008 年 58% 的回报率以及其自成立以来的两位数年均回报率外，几乎没有关于该公司的公开信息。量化对冲基金是一个隐蔽的群体。

多数黑盒公司都避开了华尔街的灯光，偏爱更加宁静的环境，

第三章　黑盒哲学
Chapter 3　The Black-Box Philosophy

如长岛、密尔沃基、德梅因或圣菲。它们的高管没有参加备受瞩目的投资者会议，也没有受到 CNBC 财经新闻广播市场评论的追捧。黑盒公司之所以能够保持隐蔽，部分原因是外界对它们的投资策略缺乏兴趣——这一点很难得。传统投资界认为它们的策略是一种无法理解的科学。诸如模糊逻辑、分形方法和遗传算法等术语对传统投资者并不具有吸引力，后者更喜欢投资者会议，以及和鲍勃·盖尔多夫这样的人共进晚餐。

随着黑盒现象的发展，人们对这些公司的兴趣也逐渐增加。很多量化基金经理已经成为金融行业收入最高的人群——詹姆斯·西蒙斯、大卫·肖（David Shaw）、克里夫·阿斯内斯（Cliff Asness）、门罗·特劳特（Monroe Trout）和彼得·马勒（Peter Muller）——他们的成功受到大量关注。黑盒公司间一种更加普遍的共性是它们与众不同的文化。这些公司与传统资产管理公司的区别在于，它们有着强大的学术积淀。德劭基金，行业内旗舰式统计套利公司之一，不仅是量化交易的先驱，同时还是量化这个品牌的孵化器。大卫·肖是斯坦福大学的计算机科学博士，以其公司严格的招聘政策而闻名。这家公司特别偏爱数学和科学专业的人才。德劭基金的员工包括很多罗德奖学金得主、国际数学奥林匹克竞赛冠军、普特南数学竞赛获奖者、全美国际象棋冠军以及其他世界知名研究者。德劭基金卓有成效地将黑盒公司打造成金融界的"火箭科学家"。

"火箭科学家"这个称呼有它的缺点。少有投资者对他们策略的内部运作有过兴趣，部分原因是缺乏兴趣，同时也因为量化公司的性质。这些基金经理保卫着他们的模型，仿佛它们是一种在等待美国专利保护的新药。量化交易商的隐蔽性令它们声名狼藉。它们的隐蔽性是从事传统资产管理的同行所面临的独特困境的副产品：知识产权。如果其他黑盒竞争者采用类似策略，它们跟踪的短期差异将开始消失。黑盒公司的困境在于要持续识别、发掘并维持有利可图的交易机会。当它们发现这些成功策略，它们必须尽可能长时间地为自己保护这些策略。结果，它们对黑盒投资策略的内部运作守口如瓶。量化基金有一种臭名昭著的文化，就是保护它们珍贵的模型。受它们的算法监控、以启动买卖决策的信号可能只有公司内部一小部分高管知道。它们不参与市场评论，除了向其核心投资者披露外，不太可能透露业绩数据。

虽然对冲基金对交易策略进行保密并不罕见，但量化对冲基金还有另外一个层面的困境。黑盒策略是嵌入计算机语言的一系列公式。任何一位交易员或分析师都可能轻易带走它们珍贵的模型。一个成功的统计套利策略或交易算法可能要经过多年的研究，花费几百万美元进行风险交易才能发展出来。如果一个雇员要将算法复制到软盘上，所有这些专项研究会很容易丢失。量化经理经常对这种出逃风险感到过度焦虑。一个保护他们知识产权的方法是非竞争协议。一份非竞争协议的基本结构阻止员工在离开公司后的一段时间（1~3年）内成立自己的基金或加入竞争对手公司。非竞争协议可能还包含进一步降低风险的条款：限制向基金的投资者募资、与前同事合作或与公司任何支线基金联系。这些合同可能也禁止雇员之间共进午餐。

第三章 黑盒哲学
Chapter 3　The Black-Box Philosophy

非竞争计划仅仅是量化基金为减轻其自有的损耗风险而采取的一小部分措施。量化公司可能将团队划分成同心圆结构,尽可能减少不同业务功能之间的互动,阻碍知识分享。结果,不太可能看到它们的研究专业人员出席 CLSA 举办的大型投资者会议。

诸如文艺复兴和德劭基金的黑盒公司的持久发展,不仅源自其投资过程,同时也得益于其独特文化。

时代的来临

过去十年,量化对冲基金位列行业内业绩最好的基金。它们在各种经济周期都能获得两位数回报率。不管在美国、巴黎还是东京市场,黑盒交易在过去十年已经发展成熟。

投资于黑盒交易的资产增长很大程度上是基于其回报。量化对冲基金一直是风险回报比方面表现最佳的基金之一。诺贝尔奖得主威廉·夏普(William Sharpe)提出的基金业绩指标夏普比率将量化基金的投资策略评为最高质量的策略。夏普比率通过将基金的平均回报率除以回报率的标准差得出,从而以风险为单位来评价基金的回报。收益率波动性大的基金在业绩质量方面的排名较低。过去十年,排名最靠前的基金的夏普指数超过 3.0,这意味着相对于为达到目标收益所需承担的风险,它们的年收益率异常高。例如,像文艺复兴这样的公司可能产生平均每月 2% 的收益率,很少(如果有的话)有月份出现亏损。

人们也认为黑盒公司的业绩与市场没有相关性。也就是说,它们的收益率独立于市场走向。无论牛市还是熊市，它们一样可以赚钱，只要市场波动率和流动性充足。正如詹姆斯·西蒙斯在美国国会听证会上宣称的那样，"他的量化交易公司与市场关系不大"。考虑到量化投资基金产生两位数回报率与市场走向关系不大，投资于量化对冲基金的资产增长也就不足为奇了（见图3.1 和图3.2）。

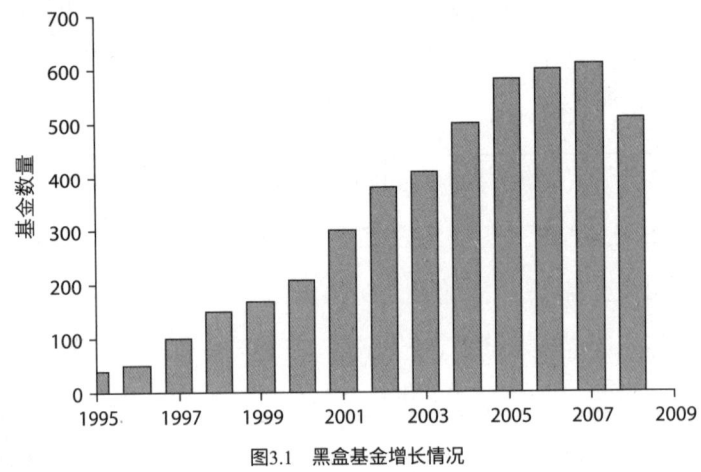

图3.1　黑盒基金增长情况

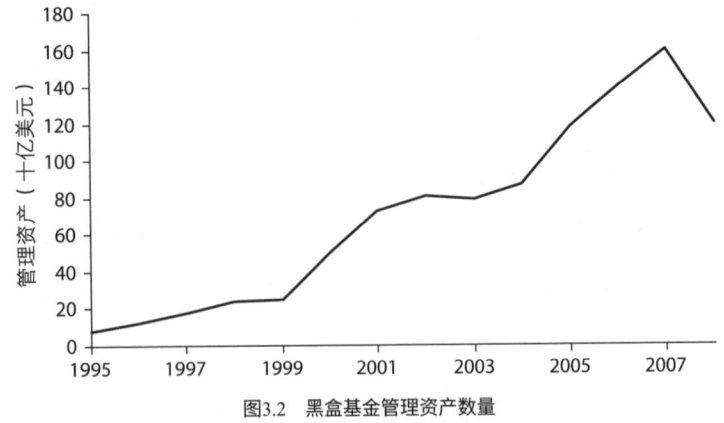

图3.2　黑盒基金管理资产数量

第三章 黑盒哲学
Chapter 3　The Black-Box Philosophy

一项学术研究估计，在 2007 年峰值时期，超过 1600 亿美元资产投资于量化对冲基金。有 600 多家对冲基金声称自己为量化投资者。

同样显而易见的是当下黑盒公司在全球权益市场的足迹。据估计，它们在纳斯达克、纽约证券交易所、伦敦证券交易所或日本的东京证券交易所等主要市场的每日交易额中占有超过 30% 的比例。

相应地，它们也是电子通信网络普及背后的驱动力量之一。这些自动化的跨境交易网络要感谢黑盒基金为它们提供生计。据说，仅文艺复兴一家公司就占有 Instinet 每日交易额的好几个百分点。黑盒圈为电子通信网络在美国市场的广泛采用铺路，随着电子通信网络在欧洲和亚洲部分地区萌芽，一个全球主题似乎正在发展。尽管只占据 1.3 万亿美元的对冲基金行业的一小部分，黑盒公司是市场流动性的主要提供者。并且，正如证据所示，它们的交易模式创造了一股从华尔街到上海的潮流。

第四章　发现足迹
可口可乐和百事可乐有什么不同

近 30 年来，有效市场假说是金融界最广泛接受的理论之一。该假说认为，股票价格基于所有已知信息进行交易，并且对新信息及时做出反应。股票价格的交易服从"随机游走"，基金经理不能利用新闻、收益公告或技术指标获得超额回报。

有效股票市场最典型的特点在于其如何对新信息做出反应。股票价格应该立即对新信息做出反应——它们的收益应该围绕信息发布呈正态分布（即标准钟形曲线）——一些股票上涨，一些下跌。类似地，在有效市场里，股票价格不应该呈序列相关，即一个时期与下一个时期的关系。昨天的价格不代表今天的价格。如果股票价格在某一天上涨，并不意味着我们可以预测第二天股票同样上涨。股票价格每日的波动应该是随机分布的。

有许多已经发布的学术研究强调股票价格的周期性异常。然而，多数研究认为，由于摩擦效应（佣金、清算费、税收）和市场限制（卖空限制），很少有投资者可以对异常做出反应。学者经常指出，

第四章　发现足迹
Chapter 4　Finding the Footprint

异常情况一般都是不稳定的，无法为交易策略创造基础。

在黑盒领域，有关股票市场效率的争论不应被视作对它们业务模式的怀疑，反而正是它们业务的一个附带结果。这是市场有效的主要原因之一。

统计数据和套利

市场效率这一信念的核心是知情投资者驱动股票价格波动。知情投资者的交易传达的信息给安全价格带来持续的影响。人们认为，价格影响的大小随知情投资者数量相对于投资者总数的比例变化而变化。在一个有效市场内，新信息的到来应该是将股票从一个价格水平推向另一个价格水平的催化剂。

任何一个股市观察者都会注意到，股票价格似乎在全天震荡。股市随趋势震荡上行 3 个百分点，缓慢调整至新的水平。每一份股票图表上都充斥着价格跳跃和逆转的浮动：这些震荡往往是投资者紧迫性失衡的结果。[1]

失衡是买家和卖家数量上暂时性的不相称。投资者在一段时间内要求的流动性过大将导致可供交易的股票失衡，影响市场。由于投资者在信息、目标和风险偏好方面存在多样性，失衡在股票交易中时有发生。不管是出于贪婪、恐惧还是忽视，要求过多流动性的投资者都会影响股票价格。[2]

价格波动若不是由知情投资者推动，则往往不会对股票价格造成持续性影响。一旦买入（或卖出）完成，股票就会回到之前的价格水平。这些短暂的干扰可以由时间序列中的序列相关程度来衡量,一个阶段的价格波动与下一阶段呈反相关关系(也称为均值回归)。

甚至连有效市场假说理论的创建者尤金·法玛也认识到,在一天时间内非常有效的市场,每一笔交易、每一分钟的交易回报率也可能不是完全不可预测的。效率并不是立即出现的。在一个交易日内,投资者经常需要时间来吸收新信息,而市场将会一直震荡,直到投资圈达到均衡状态。[3]

实验证据表明,许多全球性股票市场的日间差异(开盘到收盘)比隔夜差异(收盘到开盘)更大。在《金融杂志》(*Journal of Finance*)上发表的一篇题为《股票收益差异:信息的到达和交易者的反应》(*Stock Return Variances*: *the arrival of information and the reaction of traders*)的文章中,经济学家经过量化得出,市场交易期间每小时的股票价格波动是闭市期间的 10 倍。[4] 对这种行为,各流派提出了不同的想法:投资者可能对新信息反应过度,或者知情投资者过于激进地利用他们的知识。另一个假设是,市场交易期间公开信息比闭市期间到达得更加频繁。

一项最为常见的日间异常叫作"逆自相关",在这种情况下股票价格均值回归。一项由南加州大学(USC)的微观结构教授开展的研究阐释了纽交所上市证券的这种市场行为。他们的研究证实了隔夜股票收益呈序列独立,而日间波动效率较低(见图 4.1)。

在一个 5 分钟窗口内,纽约证券交易所股票呈现逆向序列相关性:在 5 分钟窗口内上涨的股票往往会在接下来 5 分钟内恢复。[5] 通

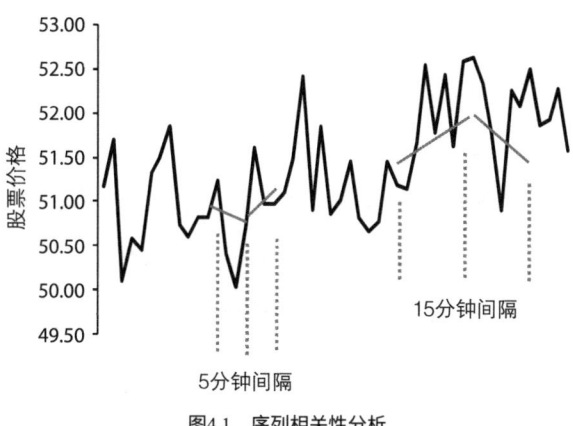

图4.1 序列相关性分析

过了解这些日内相关性而确认的投资策略被称为"统计套利"（或高频率）交易者。统计套利公司设计数学模型来量化指令失衡，理解相关的市场行为。这一类型的高频交易是"流动性提供者"的一种形式，因为通过跟踪小的价格异常，交易为市场提供流动性，稳定失衡状态。这既是一种投资策略，也是一个有影响力的流动性提供者。

大数定律

高频交易包含广泛的一系列针对日间价格异常的交易策略。这些策略的模型将瞄准动量、均值回归、领先/滞后或价差机会，持有期从几小时到几分钟不等。它们之间唯一的共同之处在于其建立了统计和套利的交易方式。

从定义上看，统计意味着一个实证模型被用来描述价格异常的概率分布。不管是用传统的线性回归方法还是更加详尽地应用物理科学——模式识别技术或神经网络——交易策略必须建立在正式的数学过程之上。

　　套利表明策略是基于短期差异，基于历史参考值形成的。虽然套利策略通常表示两种或更多证券同时出现的差异，在统计套利的语境下，它表示与期望价值的任何偏差。期望价值来自股票微观结构资料的历史数据，如波动性、流动性或价差。

　　统计套利策略最直观的表现是一种均值回归策略，在该策略中，模型瞄准两种或更多相关证券的关系，这些证券面临同样的风险。在一个套利策略中，投资者买入一种股票，同时卖出相似的股票，试图从两种资产的价格差异变化中获利。

　　比如可口可乐和百事可乐，尽管它们是卖给不同人群的不同品牌，但在原材料成本、劳动力、通货膨胀和消费者偏好等方面却面临同样的风险。随这种共同风险而来的就是它们会跟随饮料行业的总体趋势而发展。当可口可乐和百事可乐的价差偏离历史范围的程度达到统计显著的距离时，均值回归战略就要发挥作用了。当两者日内价格差异猛增到3%时，该策略可能会买入百事的股票，卖出可口可乐的股票。该模型显示，在统计意义上，相对于百事可乐，可口可乐的价值被高估了。

　　基础投资者也会在相似股票间使用均值回归策略。他们从事的是股票估值业务，只会购买喜欢的股票，出售不喜欢的股票。但现实是，股票的日内价格差异通常是由供需失衡而非主流基本面变化引起的。量化交易者试图将"知情的"市场走势与噪声隔离开来，

第四章 发现足迹
Chapter 4　Finding the Footprint

随后参与在没有新闻或事件的情况下发生的震荡。⁶

由于与技术交易之间的不公平联系，统计套利交易面临形象不佳的问题。技术分析是指使用图表或曲线来支持投资理论。虽然技术分析与量化分析有一些共同点，但从图表中很难得到有关统计或套利的信息。技术分析的发展可以说是为了支持证券营销。人们通常阅读基础研究分析师的投资理论，找到一份图表来解释近期消费增长、原材料成本或人口变化的原因。图表提供了一种语言，强化在该投资理论下的主要经济驱动因素（见图4.2）。类似地，有一个丰富的、完全基于历史价格趋势的技术指标库：三角形、头肩顶与头肩底、双重底、阴阳线以及更多名字被赋予一系列可见的图案。它们各有优点，但不应混淆为数十亿美元黑盒交易行业的基础。

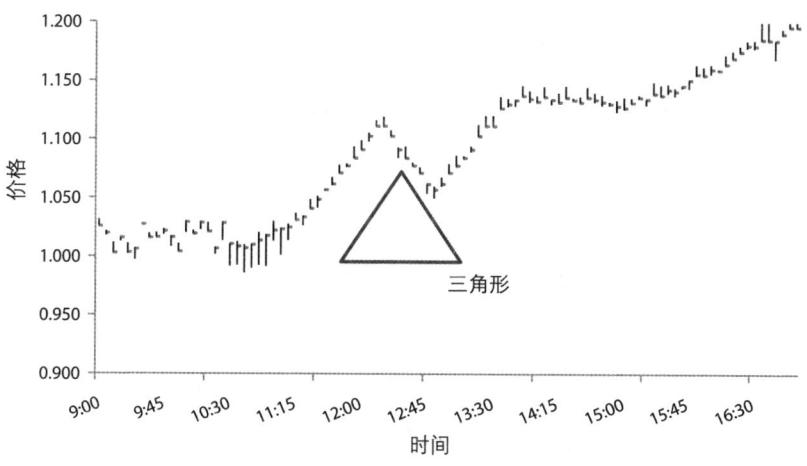

图4.2　技术指标

注：价格指数已按照基准值1.0作标准化处理

跟踪信号：黑盒交易如何影响从华尔街到上海的股市
Chasing the Same Signals: How Black-Box Trading Influences Stock Markets from Wall Street to Shanghai

高频交易策略来自通用模型，它量化了大范围股票间价格异常的统计意义。一个通用的模型包括了数千个历史观察值，可用于量化一般异常的重要性。虽然可以提出有效的论据来表明股票交易方式存在个体差异（如亚马逊公司与美国航空公司），但通用模型提供了更大的潜力，因为它们可以通过交易数百种股票来分散个体风险。

例如，若传统对冲基金准备利用可口可乐和百事可乐间的关系，它们可能会面临一系列风险。可口可乐和百事可乐尽管有那么多相似之处，但在商业运营方面远非完全一致。它们都是大型的全球化集团，拥有许多不同的业务板块。可口可乐可能在墨西哥投资一家大型装瓶厂受墨西哥比索汇率波动的影响。百事可乐可能在南美洲拥有更大的业务受一系列新兴市场风险的影响。哥斯达黎加的一场工会罢工很容易导致百事可乐股票大幅抛售，甚至可能增加投资者对可口可乐的资产配置。持有百事可乐1000万美元多头头寸，对可口可乐1000万美元空头头寸进行套期保值很可能让双方都赔钱。投资者对冲风险的意图很可能比未对冲的头寸代价更大。

因而，高频策略旨在加入数百只或数千只股票，避免暴露于某一特定股票或行业未预见的风险之中。通用交易模型的发展基于时间序列分析，即按照规则的采样间隔形成一串离散的时间段，在整个资产等级内取得5分钟（或更短时间）内交易价格、中间值、波动率、成交量和其他因素的样本。

量化公司可以通过判断相邻时段的统计关系来制造自己的交易信号：连续时间间隔之间的正相关关系表示趋势跟踪的机会，而负相关关系代表逆转（或均值回归）的机会。使用纽交所股票的5分钟间隔，一个年度的数据就可以创建数百万个区间样本。假如将这一技术应用到更长的交易历史中，就会有大量的资源来发展通用模型。如果一家高频交易公司可以识别一个哪怕预测意义很小的指标，那么它也有构造盈利交易策略的基础。这一概念基于大数定律，因为一个小的边际相关关系也可能改变你的胜算。

据说，一家持有期最长的高频对冲基金在交易中赚钱的准确率只有51%。它在预测正确时所赚取的利润恰好要大于预测错误时遭受的损失。

指令簿内部

技术增加了统计套利公司的机会。随着电子交易效率的提升，统计套利公司的行业从不连续时间间隔（5分钟窗口）的交易转变为实时交易。为探究这些异常类型而发展的量化研究被称为微观结构研究。微观结构研究涉及在买卖双方交易时了解交易中介。这门科学旨在理解市场结构（成本、市场机制、透明度、信息传播）中的不同之处是如何影响投资者达到价格估值均衡的方式的。

过去10年内，由于数据源广泛可得，且数据挖掘技术取得进步，微观结构研究已成为经济学中一个飞速发展的领域。这些新时代的经济学家提出了一系列问题，如最小逐笔交易大小减少（即从1/16美分到1/8美分）是否会增加市场流动性？收盘竞价是否会降低日终的价格波动？股票成交量与价格逆转之间是否存在相关性？

微观结构研究包含理解"指令簿"交易层面最微小的变化。指令簿表示交易期间发生的事件序列，最常见的是买入价、卖出价和交易报价的序列。随便一个投资者都熟悉传统的行情信息——买方报价、卖方报价、最后成交价格和每日成交量。

符号	买方报价	卖方报价	最后成交价格	成交量
XYZ	55.0	54.2	54.3	12000

一个更微观的指令簿视图揭示了连续的事件序列，表示指令簿内容的每一个变化。当投资者向现行最佳买方报价发出购买指令时，指令簿会反映买方股票增加。当交易者越过价差提升卖方报价时，交易以现行的卖方报价发生，相应的股票数量是传播到市场上的最后成交量。指令簿中的每一个变化序列代表一个新事件，每一个事件都会传播到市场（见图4.3）。

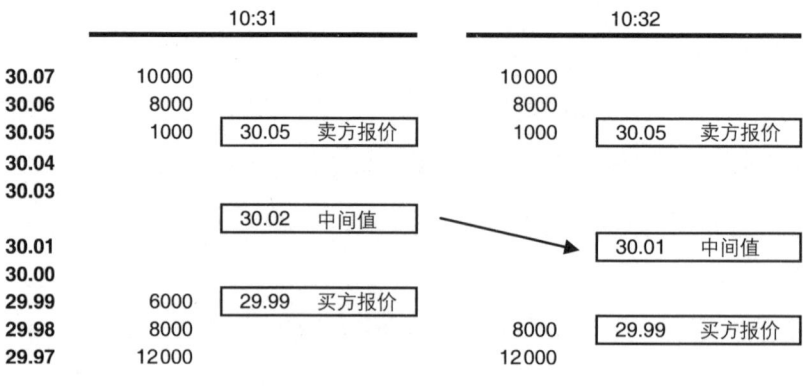

图4.3 指令簿分析——中间值变化

第四章 发现足迹
Chapter 4　Finding the Footprint

微观结构研究者编制了大量有意思的"微观"变量，以更好地描述指令簿的构成，并解释买卖双方之间的相互作用（见表4.1）。如果在微软成交的股票数量达到 20 000 股，就可以推断出远比最近成交量更多的信息。如果股票按照卖出价成交，交易就会被认为是买方发起的；如果股票数量显著大于上一次交易，新信息就可能流入市场；如果卖方现有的股票总数少于买方的一半，指令簿上就会出现失衡。

表4.1　微观结构变量

微观结构变量	定义
中间值	买入价与卖出价之间的差值
买入量	以买入价成交的股票数量（卖方发起）
卖出量	以卖出价成交的股票数量（买方发起）
买卖比	买入量与卖出量之间的比率，也叫作资金流指标
有效价差	最后一笔成交价格和中间价格之差乘以2
加权买入价	所有买入价的平均数，按照每种股票数量进行加权

指令簿为分析师提供了最丰富的信息，帮助他们理解供需失衡。失衡，可以说并不是随机事件，而是会有规律地发生。出现失衡是因为投资者在一段时期内要求太多的流动性。如果出现关于股票的新研究，或行业内有关键的宏观经济公告，投资者可能会更加迫切地改变一种股票的头寸，有意对市场造成影响。

在没有新闻或者研究的情况下，投资者可能也会定期地要求比市场所能承受的更多的流动性。最普遍的原因是机构投资者相对于市场所持股份的绝对数量。由于其资产在市场现有资产中占据可观比例，机构投资者是最大的资产持有人。当共同基金的投资组合经理改变其组合中股票的权重，即使是微小的变化，如将他们持有的谷歌头寸从3.5%增加到3.6%，都可能转变为流动性的巨大需求。

机构指令流主要是指1000万美元到2000万美元的大宗交易。当投资组合经理正在重新平衡权重时，机构投资者往往会买卖当天某些特定股票成交量的30%~40%。由于机构经理们在市场上相互竞争，他们的交易活动也表现为流动性需求的微妙信号。这些信号只有在指令簿层面才能看见。一个时间窗口的股票数量会以前一个窗口数量几倍的幅度增长；市场上连续交易的时间间隔增加；买方与卖方交易的比率向不平衡倾斜。微观结构研究是一个发现这些市场足迹的过程。

最近几年，有一系列研究关注发生在微观结构层面的低效率。其中一种低效形式由范德堡大学的汉斯·斯托尔（Hans Stoll）提出，叫作"存货效应"。[7] 如果市场有充足的流动性，买卖价格将保持在一个稳定区间，为买卖双方提供无限的流动性；价格只会随着新到来的信息进行调整。但在实际市场中，买卖价差会因为参与者的独特偏好、市场不确定性以及供需不平衡而震荡。存货效应的一个启示是，价格会在报价变化后出现逆转，因为交易会造成现有存货的瞬时扭曲。关于存货效应的研究围绕理解中间值（指买入报价和卖出报价之间差额的一半）的波动如何影响后续的价格走势。研究人员想要量化发生在买方（即卖方发起的）并相应地拉

第四章　发现足迹
Chapter 4　Finding the Footprint

低中间值的交易是否有可能导致买方的连续交易。

斯托尔证实了指令簿交易并不完全是随机的。研究人员的分析中经常观察到中间值变化过程中的高负序列相关性。一个大型买入指令（能够拉高市场中间值的指令）之后更多的是卖出指令而非另一个买入指令。

鉴于大量可获取的研究数据，微观结构研究具有多层次的创造力。交易活动的顺序经常帮助我们洞悉市场参与者的情绪：交易量的快速增长预示着拐点；短期内接连上升之后是几个价格深度的差距。研究人员正在研究这些指令簿的波动序列，以更好地了解股票价格的未来走势。

一个更加直观的观点围绕着资金流指标而展开，该指标是指买家发起的交易（提价交易）与卖家发起的交易（低价交易）之间的差额。资金流指标是一种简单的推断资金进出市场的方法。如果一个交易发生在市场出售方，则一定是由买方发起的。如果发生在购买的一方，则一定是卖方发起了交易。提价交易与低价交易的数量差异可作为一个指标，用于推断资金是否正在进入或离开市场。在《金融杂志》上发表的一篇题为《资金流能否预测股票收益？》（*Can Money Flows Predict Stock Returns?*）的文章中，研究者突出强调了纽交所股票资金流动量这一强有力的证据。[8] 如果认为提价交易是由买方发起的，则提价交易量的正向偏差对应的是买方的"过度需求"，将股价推高。股票价格走势受到资金流动趋势的强烈影响。在作者看来，通过分析指令簿，投资者能够对股票走势进行短期预测。

不过，统计套利公司是有能力和专业技术来充分利用微观结构研究的少数派投资者。几年的历史日间最小交易数据档案已经不在一般对冲基金掌握范围之内，更何况机构投资者。纳斯达克100指数中股票一个月的样本就可以代表几亿笔交易！

支持统计套利研究的基础设施是一项代价昂贵的议题。量化研究分析师需要提价交易与低价交易档案、指令簿变化速率、平均交易规模、连续交易之间的频率等信息。由于对指令簿建模的方法十分全面，对数据资源的需求同样巨大。因而，高频交易公司的大量涌现成了少数入场者的游戏。

毫秒之争

由于交易频率从几小时的持有期发展到实时交易策略，对效率的要求在整个行业中激起了连锁反应。高频交易公司是最主流的资产管理者，它们在执行过程的每个层面都要求高效率：无论是经纪商的交易技术、数据提供商的实时价格信息还是股票交易所平台。

相应地，统计套利公司给整个权益交易食物链带来了竞争压力。它们提升了对数据提供商所给信息的稳定性和质量的期望值。它们逐年向经纪人施加压力，要求后者降低直接市场接入的佣金。它们启发交易所改善市场结构，吸引新的投资者。

统计套利公司的影响力有一个更加引人注目的贡献，即交易所近期开始向资产管理者提供一种叫作"共址"托管的服务。资产管理者希望在执行交易过程中消除不必要的中介——经纪商。共址是

第四章 发现足迹
Chapter 4 Finding the Footprint

一种托管服务，资产管理者可以在位于证券交易所数据中心的计算机服务器上运行其算法。[9] 此服务可最大限度地减少执行过程中的等待时间。

等待时间是提交指令与接收确认信息所花费的时间，就好比拨打电话号码以及等对方接听的这一段时间。对长期投资者而言，这是一个他们在投资过程中很少会考虑的技术细节。对于统计套利公司来说，等待时间可能就是跟踪信号和捕获信号之间的主要区别。如果几秒的等待时间可以缩短到毫秒级，一家公司就能在与对手的竞争中占据重要优势。

纳斯达克认识到了等待时间对于高频交易公司的重要性。2005年，它是第一家开始提供共址服务的交易所，一年之内就有十几个客户注册。共址是电子交易技术成熟带来的自然发展。随着电子交易的成熟，电子交易经纪商的服务可能仅仅是连接交易所的管道。然而，管道是一个瓶颈，因为客户指令必须经过所有经纪商的指令批准和风险管理系统。这些额外的检查层对那些希望尽快进出市场的人来说没什么价值。共址为高频客户消灭食物链中的障碍提供了解决方案。交易所有动力提供托管服务，因为它们每月会收取访问和服务费。

通过共址，资产管理人可以得到其交易算法，将交易时间从几秒减到几毫秒。延迟的不同可能意味着捕获小型差异的不同。正如一家在纳斯达克共址的高频自有交易公司 Trillium Trading 的高管所说："靠近纳斯达克的匹配引擎十分重要。因为利润率很薄，所以任何消除因地理延迟导致的滑点的措施都是有用的。当其中一个自动化策略看到市场发生变化并希望做出反应时，我们就获得了先机。"

通过设计最先进的执行平台，统计套利公司能够在竞争中保持优势，领先同行一步跟踪相同的信号。这使得许多企业能够保持高绩效水平，并在竞争日益激烈的市场中维持有利可图的战略。

对速度的需求在整个金融服务行业产生了连锁反应。2007年，行业最大的实时股票价格数据提供商汤森路透开始采用新方法来发布收益公告。汤森路透没有让研究分析师深入研究公司的收益报告并撰写简短的说明来解释结果，而是创建了"机器人报告"这项技术来书写收益报告，并在几毫秒内散布给整个金融界。机器人报告利用算法来解释收益结果，并自动将结果传播到投资界。就在公司发布自己收益报告的瞬间，机器人报告会告诉投资者这些结构是平均水平还是超额收益。报告言简意赅，缺少评论，但它们用一眨眼的工夫就传达出了收益报告的精髓。

这一行业已经真正发展为毫秒之争的游戏。也许更有意思的在于，最积极的资产管理者（基于交易量而非持有量）可以说是最不了解他们所交易公司的基本面的群体。一个高频交易者并不知道他们交易的股票名字并非罕见。股票描述并不重要，相反，他们专注于股票代码、波动性、价差、指令簿更新频率以及一切其他可以想象的微观结构统计量。

流动性提供者和市场效率

对股票价格随机性的争论可能无时无刻不在进行，吸引着最

第四章 发现足迹
Chapter 4 Finding the Footprint

优秀、最聪明的学者以及积极的投资者发表观点。在畅销书《漫步华尔街》（*A Random Walk Down Wall Street*）中，波顿·麦基尔（Burton Malkiel）意味深长地阐述了来自金融工程和行为金融领域等新兴领域最杰出学者的批评。他回应了一系列杰出学者的观点，如罗闻全（Andrew Lo）、理查德·塞勒（Richard Thaler）和克雷格·麦金雷（Craig MacKinley）。麦基尔将他们相互矛盾的证据描述为对市场效率的肆意抨击。

书中讨论的一些更显著的异常情况包括一月效应，即由于征税，小市值股票在当年第一周上涨；热点新闻反应，即意外盈余后观察到反弹；初始市盈率预测指标，低市盈率的股票在 10 年后持续表现优于市场；等等。

尽管麦基尔承认这些矛盾的证据，但他将这些异常描述为统计松散。换句话说，任何一种价格差异都太小，不足以弥补交易的摩擦效应，如税收和佣金。在他看来，"迄今为止，没有人或者机构能长期持续地发现赚钱的、经风险调整的个人股票交易机会，尤其如果他们要纳税以及支付交易成本的话。"[10]

高频交易公司已成功地将摩擦成本降到历史最低。电子交易诞生后，经纪费用开始以权益市场历史最快的速度逐年降低。经纪佣金历来在整套经纪服务中定价，包括研究、资产列表、企业访问、投资会议和执行。然而，电子交易（或 DMA）的佣金率独立于传统投资研究的附加部分。对于投资经理来说，这是一个"仅限执行"的选择，DMA 的初始佣金率约为全额佣金率的三分之一（见图 4.4）。为赢得高频资产管理者的电子交易业务，经纪商之间的竞争一年一年地加速。到 2008 年，杰出黑盒交易公司实现的佣金率不到美国权益交易的 1%。交易的摩擦效应下降到了 10 年前的四十分之一。

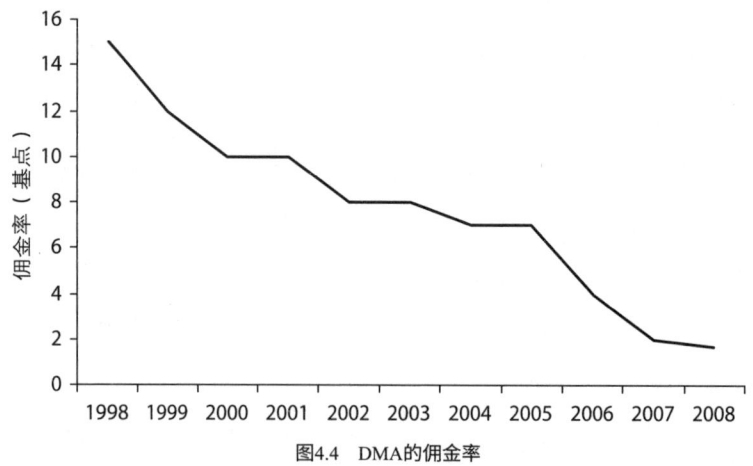

图4.4　DMA的佣金率

结果，随着摩擦效应逐渐弱化，高频交易经济状况逐年改变。怀疑论者可能假定，不足以覆盖交易成本的价格异常可能会变得切实可见。高频交易公司已经能够跟踪到那些只有经过训练才能观察到的价格异常。交易的真实成本超过了固定的佣金率。市场影响对成本的作用更大。市场影响是指从做出决策（即信号）到执行指令这一段时间内发生的市场价格波动。这是摩擦成本的最大来源，尤其是对于高频公司而言，它可能是盈利策略的关键决定因素。

这样看来，统计套利是一个从业者的游戏，因为市场影响成本只能从实际交易中学习。回溯和模拟只能作为替代使用，不能认为它们可以指示实际交易的结果。当一家公司对特定信号做出反应时，

第四章 发现足迹
Chapter 4 Finding the Footprint

其交易会影响市场,从而削弱其捕捉信号的能力。罗伯特·基塞尔(Robert Kissell)和莫顿·格兰茨(Morton Glantz)在他们的著作《最优交易策略》(*Optimal Trading Strategies*)中,将交易的摩擦效应称为金融的"海森堡不确定性原理",因为如果指令没有被提交给市场,就不可能知道价格。实施一个高频交易策略的真实成本只有在事后才能知道。公司通过交易影响它所跟踪的信号。

统计套利公司必须通过反复试验来吸取经验。当它们实施模型时,它们学习 5 分钟的差额是否可见,或者是否需要 10 分钟的持有期来覆盖摩擦成本。它们从交易中得到实际的市场影响统计量,并且可以将那些成本放回到模型中,重新校准并改进模型。不管怀疑者怎么想,实践最终会证明一切。

尽管有关有效市场假说存在各种矛盾的观点,但有一个关于市场的看法却是压倒性地一致:它在不断变化。学者和从业者一致认为,众所周知的异常现象有消失的趋势,无论是由于交易者试图利用它们还是由于环境的动态变化。

加州大学洛杉矶分校(UCLA)的学者理查德·罗尔(Richard Roll)和阿瓦锡塔尔·苏布拉马尼亚姆(Avanidhar Subrahmanyam)也强调一个重要的趋势:随着时间变化,市场效率并不是静止的。从 1998 年一直到 2005 年左右,纽交所上市证券的日间效率有所提升。他们的研究证明,纽交所股票的序列相关性在过去 10 年内的大多数时候稳定下降。20 世纪 90 年代,当电子交易开始繁荣时,这种下降加速,并在 2001 年小数计价法引入后进一步加速。序列相关的 5 分钟窗口已经衰减到其统计显著性的一小部分(见图 4.5)。这个市场趋势并不是高频交易怀疑论者的火上浇油，相反，市场效率的提高意味着统计套利行业的贡献。通过在不平衡期间提供流动性，市场效率得到改善。由统计套利交易者提供的更高流动性提高了纽交所的日间效率。

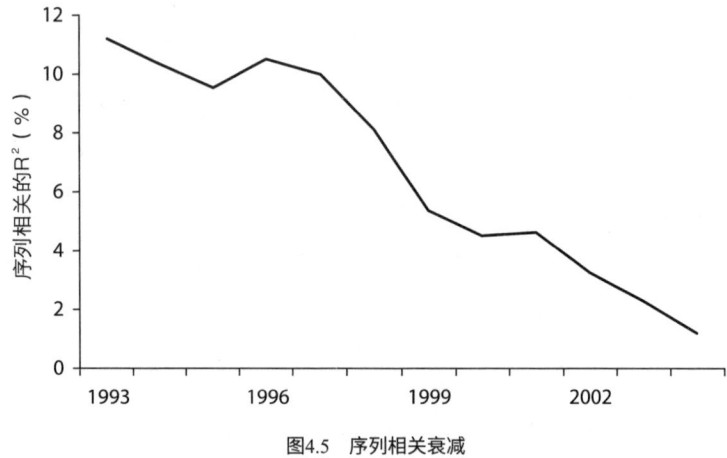

图4.5　序列相关衰减

过去10年，统计套利的增长通过减小交易的主要摩擦效应让投资界受益。在没有高频交易公司的情况下，由于更大的日间波动、不平衡以及买卖价差，投资者需要承担交易成本。

高频流动性提供者一直在市场上扮演稳定器的角色。它们从微小的价差中收获小额利润，仅仅因为每天执行数千个交易而成功。结果，它们现在在市场中占有重要地位。在《商业周刊》（*Business Week*）的一篇文章《你不知道的最积极的交易者》（*The Most Active Trader You Don't Know*）中，据估计，史蒂夫·科恩（Steve Cohen）的SAC资本占有纽交所每日成交量的3%。[11] 其他的主要统计套利

第四章 发现足迹
Chapter 4　Finding the Footprint

公司如文艺复兴、城堡投资、高桥资本等也同样因为它们超额的交易水平而闻名。据一些人估计，它们每三到四天就可以将所有的资产周转一次。

因此，一部分黑盒公司每天在美国市场上能够产生几十亿美元的高频交易量——这在总交易量中占到10%~15%。在这种交易活动的水平上，即使当每笔交易的佣金下降到不足一美分，公司倘若不能成功地从日间差异中捕获利益，将会在几周（或更短时间）内破产。黑盒公司并没有游离于有效市场假说之外，相反，它们是让市场有效的流动性提供者。

第五章　分散的信徒
为什么一些投资者不读基础研究

黑盒公司之所以一直是金融界一个孤立的群体，原因之一是它们对基础研究的态度。它们就是不想了解。

宽客对基础研究重要性的忽视态度是他们被金融界其他人孤立的主要原因。从传统投资者的角度来看，这是一种令人不安的倾向，因为这有悖于他们的传统智慧。在他们看来，基础的股票分析是选对股票的主要因素。好公司建立在无形的品质之上：管理团队的实力，商业计划的质量，以及在经济挑战中的执行能力。基础分析对于解释这些无形特点十分必要。

在考虑微资本公司的时候，人们对基本面的重要性很有感触。广义上，微资本公司是指任何一家市值低于 2.5 亿美元的上市公司。根据这个定义，美国股票的绝大多数都属于微资本。罗素 2000 指数占美国股票市值的 98%，在这个指数中，一半都是微资本股票。

微资本公司代表一部分最有利可图的投资机会。在公司成长早期就发现股票，可以带来股票价格的大幅上涨。如果公司的业务最

第五章 分散的信徒
Chapter 5 Disciples of Dispersion

终成为一个隐藏的成功故事,那么早期的 1000 美元投资就可以增长到几百万美元。任何一个投资者都喜欢寻找这些机会,不管是新兴的金矿还是最新最先进的可再生能源的来源。小公司利润丰厚的上升潜力本身就是一个充满生气的游戏。

微型股的风险人尽皆知。由于规模,它们的报告要求不那么严格,可能不会每季度汇报盈利。美国证券交易委员会对小公司的监管要求较为宽松,欺诈的案件并不少见。即使是最好的公司也可能根本无法执行它们的业务计划,在经济出现最轻微震荡时倒闭。许多投资者认为,基本面在决定企业成功方面发挥着重要作用。因此,投资者应该在涉足微型股之前仔细关注风险。

另一方面,量化公司在微型投资方面也非常积极。但它们在不消化每一项可用研究的情况下从事对这一板块的投资。这些黑盒公司中的许多都持有其头寸数年,相当于它们基本面圈子的同行。

量化投资者重视研究,他们恰好重视的是与基本面投资者不同类型的研究。他们提出的问题不同于传统投资者。他们构建的经济学理论影响的是一系列股票,而不是单个股票的交易方式。他们的研究被称为计量经济学,即统计学在经济理论中的应用,这种理论导致了一些有趣的交易策略。

计量经济学研究

投资者们经常评论道,研究微型股的分析师数量差异巨大。一些公司有十几个分析师,而另一些公司完全没有。尽管微型股十分吸引人，行业内可得的有关小公司的信息千差万别。研究经常局限于公司网站上公布的内容以及网络聊天室里讨论的对象。类似地，你的当地股票经纪人也许知道一两个有关公司的故事，但（几乎）没有对于这家公司收益和资产负债表历史的专业分析。

虽然一家公司可能是一个令人激动的初创企业，将最新的纳米技术应用于废物处理，或者提供一种创新的生物疗法来治疗阳痿，但几乎没有投资银行的分析师发布有关该股票的报告。原因在于，卖方研究高度倾向于大资本股票，因为它们有更大的流动性，有更多的佣金机会。

进行股权研究的投资银行通常会将其研究范围与市场资本化结合起来。银行由于没有无尽的资源来报道所有上市证券，试图和它们的研究团队一起捕获尽可能多的市值。出于这个原因，分析师的报道倾向于围绕大型公司；对于像通用电气（General Electric）或麦当劳（McDonald's）这样的大型公司，大约有60~80名专职分析师。沿着这条食物链往下，通常有10~20名研究分析师在指数成分的尾端。

在美国市场，按市值计算的最大公司平均每家有30名研究分析师。标普500股票的尾部（市值最小的公司）有7~10位研究分析师。对于市值在1~5亿美元之间的中等规模公司，平均每家的研究分析师数量不到10个（见图5.1）。罗素2000指数包括了美国98%的股票市值，在该指数中，超过400只股票（21%）没有任何专职的研究分析师。新兴的创业公司不管看起来多么吸引人，在它们的盈利结果有起色之前，可能无法获得分析师的报道。

第五章 分散的信徒
Chapter 5　Disciples of Dispersion

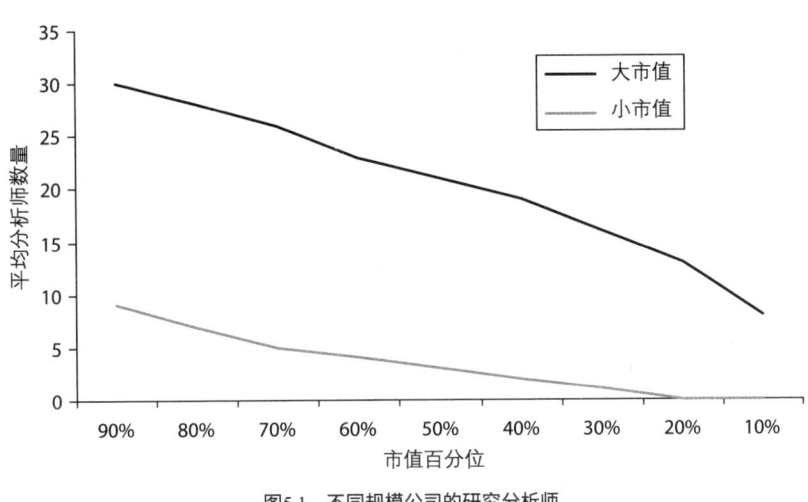

图5.1　不同规模公司的研究分析师

经济学家们想知道，研究分析师的数量是否会对股票交易的方式有明显的影响。例如，拥有更多分析师的股票是否更有效率？分析师的数量是否会影响信息向投资者流动？根据报道该股票的分析师数量，是否存在明显的超前/滞后效应？研究分析师的数量会转化为不同的交易效应，这里面有许多基本的经济原因。关于股票的定期研究出版物与投资银行的营销密切相关，投资银行动员其销售和分销团队推销分析师的研究出版物。当有更多的出版物上市时，银行会对股票进一步宣传。正式研究也有助于小公司建立自己的品牌。通过分析师的报道，公司的管理团队将处理来自共同基金投资组合经理的会议请求，并将收到行业会议的邀请。微资本公司有更多机会通过更正式的分析报道来渗透到金融界的机构方。

经济学家们尤其相信，有关微型企业的收益信息比大公司的信息流出更缓慢，似乎是有道理的。原因在于，报道这些公司的分析

跟踪信号： 黑盒交易如何影响从华尔街到上海的股市
Chasing the Same Signals: How Black-Box Trading Influences Stock Markets from Wall Street to Shanghai

师更少，传播信息的人也就更少。理论就是，拥有更少分析师的股票要更长时间才能在投资大众之间传递公司特有的信息。这一经济学概念被称为逐步信息扩散理论，该理论认为，公司特有的信息，尤其是负面信息，只能逐步地在投资大众之间扩散，并呈现出可预见的动量效应。如果该理论正确，那么微型股的动量机会对好消息和坏消息是不对称的；也就是说，经济学家会期待在输家股票中观察到更强的负面动量效应。这个趋势可能会证实坏消息（丢失关键客户、专利申请减少等）会在投资圈里缓慢扩散。

考虑了逐步信息扩散的市场效率恰好是斯坦福大学的经济学家们开始证实的研究。[1]他们调查了美国股票在一个 16 年样本期间的动量效应，得出结论，认为动量效应与股票市值之间存在强有力的关联。在他们的样本期间，小市值股票在 6 个月的时间里平均每月收益高出市场 1.43%（每年高出 17%）。不过，大市值公司没有观察到动量效应，意味着信息有效地扩散到了投资大众中。仔细审视动量效应，研究者们有了进一步的发现：小公司的动量得益于遭受损失的股票。表现差于市场的股票在接下来 6 个月里进一步下跌。这支持了研究者的假设，即"坏消息跑得慢"；当小公司有坏消息时，它们的管理层几乎没有动机告知投资者，所以信息严重滞后于市场，也就是说，跑得慢。试想一家没有分析师关注的公司，有好消息却无人报道。公司的管理层可能倾向于自己主动通过公共披露或公告将消息传播出去。相反地，想想遇到坏消息的情形：管理者几乎没有动机及时迅速地将信息带给投资者。

基于分析师数量进一步将小公司划分，他们发现了动量效应的

第五章　分散的信徒
Chapter 5　Disciples of Dispersion

一种很有意思的解释。动量和分析师数量高度负相关。分析师越少，意味着动量越大。平均而言，分析师最少的公司（每只股票 1.5 名分析师）大约比拥有最多分析师的公司（每只股票 9.7 名分析师）多出 60% 的动量。这种市场"低效率"研究对盈利交易策略有很强的启示，斯坦福的研究者称之为动量中性策略。在一个微型股的投资组合中，买入报道最少的公司股票，卖出更多报道的公司股票。在 16 年样本期间中，这一策略得到了 8.4% 的年收益率。通过买入与卖出同等权重的微型股组合，投资者可以跑赢市场，而极少遭受指数波动带来的风险。

动量中性的研究表明，投资者可以在对公司基本面缺乏详细了解的情况下实现长期投资盈利。不需要审阅研究报告或阅读最新信息，不需要理解复杂的技术或投机于等待中的专利申请通过，只要两个因素——动量和分析师数量——就足以在微型股中赚钱。这就是计量经济学研究的力量。计量经济学研究融合了统计学与经济学理论。这些经济学家在寻找由于经济后果产生的"价格异常"。研究经常是直观性的，这些异常可以用基本原因来解释。计量经济学研究是对冲基金最大的部分之一——市场中性投资策略的基石。

市场中性基金的广泛吸引力让黑盒行业渗透机构投资圈，并发展成为对冲基金最大的部分之一。市场中性公司提供一种创新的研究过程，这一过程建立在合理的经济学原理之上。在这个过程中，量化对冲基金将为传统投资者提供一种富有吸引力的提议：具备在熊市赚钱的能力。

市场中性策略

20世纪90年代末，另类资产策略（或对冲基金）开始越来越受欢迎。投资者，尤其是高净值人士开始觉得，伴随新兴互联网股的兴奋情绪，美国股票市场的估值高得不切实际。他们开始寻找另类投资作为保护，免遭市场可能的修正。投资者们对与整体市场波动无关的另类投资策略有强烈需求。投资者们在寻找"阿尔法"——不管整体市场走向如何都能赚钱的基金。"阿尔法"和"贝塔"是描述基金（或股票）相对于市场波动的业绩的两个系数。贝塔是指与市场的相关性，这一部分可以由市场指数波动来解释，阿尔法是剩下的部分，这一部分独立于市场；阿尔法是优于市场表现的部分。投资者在寻找市场不能解释的部分，寻找市场走向平缓时表现优秀的策略。

最受欢迎的另类投资策略之一可能是投资于市场中性股票。"市场中性"这一术语描述同等权重的多头和空头头寸组合，其结果是以美元计算的"中立"。在一个市场中性策略中，1亿美元的投资组合可能由5000万美元多头头寸和5000万美元的空头头寸组成。投资者相信，平衡的美元权重可以保护该组合免受反向市场波动的影响，因此避免受到市场修正的影响。

随着对冲基金行业发展成熟，市场中性对冲基金成为更受欢迎的投资策略类型之一，从20世纪90年代早期的50只基金发展为2008年的几百只。这些基金中受到管理的资产从20世纪90年代中

第五章　分散的信徒
Chapter 5　Disciples of Dispersion

期的不足 200 亿美元增长到 2007 年巅峰时期的 1600 亿美元。

市场中性投资其实已经发展了几十年。对冲基金的先驱阿尔弗雷德·琼斯（Alfred Jones）是一名市场中性投资的实践者，于 1949 年创立了行业内第一家另类资产管理公司。琼斯相信，单个资产的价格波动在很大程度上取决于市场和资产本身的一个组成部分。琼斯的投资哲学是买入他看涨的资产，用他看跌的资产来对冲。尽管琼斯的旗舰对冲基金做了一些开拓性的努力，20 世纪 90 年代之前几乎没有对市场中性投资的需求。人们将婴儿潮一代描述为经济增长、扩张政策、工业化以及美国股票市场疯狂增长的时期。因此，套期保值并不是婴儿潮一代的首要任务。

直到 20 世纪 90 年代晚期，另类资产管理者才开始逐渐受欢迎，市场中性对冲基金的需求也在不断增加。市场中性投资管理这一行业有很多新的入场者，从传统的基于价值选股的投资者到量化交易者。然而，对于那些挑选自己喜欢的一篮子股票出售，以对冲那些不喜欢的股票的价值导向管理者来说，这是一项富有挑战性的投资策略。除了保持以美元计的中立性之外，市场中性投资还有很多细微之处。有很多变量让投资者担心不利风险：贝塔中立会降低对市场波动的敏感性；货币中立会减小国际市场的汇率风险；伽马中立会对冲波动性。此外，技术在市场中性公司的专业性方面也扮演着重要角色。那些包含几百只股票的投资组合要维持对市场风险"中立"，公司就需要有能力实时监控风险暴露，并设计优化的对冲策略。在理想状态下，市场中性策略适合实践经验丰富的基金经理。

1998 年，当克里夫·阿斯内斯和他在高盛的量化策略团队一起离开，并创建他们自己的对冲基金应用量化研究（AQR）资本公司时，他们在基金成立的第一天就成功融到了10亿美元的资产。AQR资本在一天内筹集的资金比其他任何对冲基金都要多。量化市场中性基金才刚开始提高市场中性投资策略的复杂性，投资者对下一代对冲基金异常兴奋，因为它们将真正地实现科学与经济学的融合。

赢家和输家

AQR资本在其创建之初是最受期待的新兴对冲基金之一。其主要创始人克里夫·阿斯内斯在芝加哥大学取得博士学位，他在那里曾是尤金·法玛的研究助理。1997年，阿斯内斯任职的高盛金融工程师团队在市场中性交易中产生了150%的回报率。投资者十分兴奋，因为AQR资本拥有下一代对冲基金的业绩记录和血统。

量化市场中性策略将吸引传统投资者，因为他们的投资策略是建立在经济学原理基础之上的。市场中性策略不像统计套利这类高频黑盒交易那样寻找供需失衡导致的技术差异，它们要找的是出于经济原因的更长期的异常。市场中性公司不会关心由动量、波动平均值、随机数等因素定义的市场低效率，而是瞄准有效市场价格的异常，这由资本资产定价模型（CAPM）来定义。

在金融领域，CAPM是一个用来得到股票的理论收益率的模型。杰克·特里诺（Jack Treynor）、威廉·夏普、约翰·林特纳（John Lintner）和简·莫辛（Jan Mossin）于20世纪60年代首次引入这个模型，在那之后它便成为计算股票有效市场价格的形式化方法。

第五章 分散的信徒
Chapter 5　Disciples of Dispersion

CAPM假定股票的期望回报率受无风险利率、市场期望收益和股票与市场的相关系数（即贝塔系数）的共同影响。理论上，若一项资产的市场价格与通过模型计算出的价格一致，那么它的价格就是公允的。

股票价格常常与CAPM的计算结果偏离。CAPM的价格异常是一种重复的偏离模式，该模式由公司特征的差异导致，如市盈率、账面市值比、销售增长、收益动量以及货币风险等。因此市场中性策略是基于有关公司特征的直观的经济学理论，这些特征导致股票估值过高或过低。学术研究分析了大量不同类别的按照CAPM方法衡量的价格异常。许多研究重点提到了动量效应，如股票在12个月时间内获得可观回报，并在接下来12个月跑赢大盘的倾向。反转效应（即收益持续走低的股票在长期有超过市场的倾向）被认为是投资者偏差导致的无效定价引起的。研究也报告了规模效应，强调了股票的期望收益如何比有效模型的价格更加接近市值。

20世纪90年代早期，尤金·法玛和肯尼斯·弗伦奇（Kenneth French）公布了CAPM模型最重要的异常之一。他们的研究表明，过去一个世纪标普500指数的历史回报在股票与其远期回报之间的关系中突出表现出一致的模式。[2]相对于其收益而言，定价较低的股票（即低市盈率的股票）表现优于那些定价高的股票。发表在《金融杂志》上的一篇文章将这种影响描述为"价值溢价"（见图5.2）。

价值溢价描述了价值型股票长期表现有望超过成长型股票的实证研究。在金融行业中，价值型股票是指资产负债率很低（即负债很低）且现金流充裕的公司。实证中将价值型股票描述为高账面市

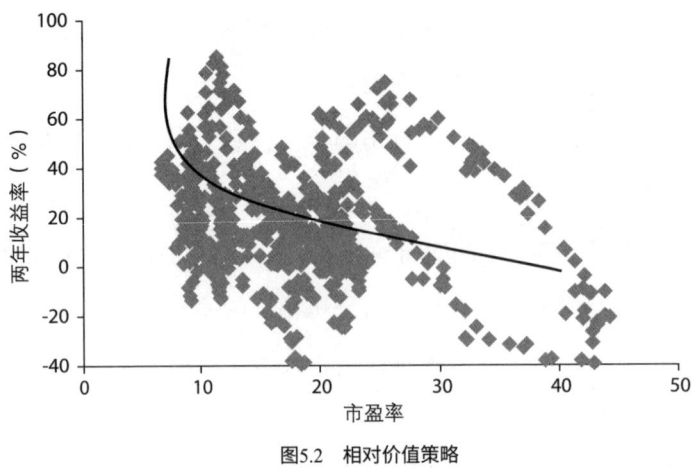

图5.2 相对价值策略

值比、较高的每股收益率或者每股现金流比率。公用事业股票是价值型股票最常见的例子。弗伦奇和法玛的研究表明，相对于成长型股票，价值型股票的价值被不公正地低估了。相应地，投资者买入估值较低、市盈率为个位数的股票并长期持有，则能获得更好的收益。与低市盈率和高长期回报率相联系的价值溢价是 CAPM 模型一个不符合常规的地方。解释这种实证关系的原理在于，投资者购买价格过高的成长型股票，尤其是在经济繁荣的时期（整个市场的市盈率都高）。尽管有着过高估值的直观证据，投资者经常有办法说服自己，这次不一样。他们跟随当月的趋势买入，不管是 Priceline.doc 公司还是新兴的金矿。

有大量关于市场行为以及个体决策心理学的实证研究。这一研究领域叫作行为经济学，它理解实证中由投资者在信息发布前后的行为差异，这些信息包括低收益结果、股息调整、经济发展等。行

第五章 分散的信徒
Chapter 5　Disciples of Dispersion

为经济学家认为，个体倾向于过于重视近期的事件，而过于轻视先前的信息，这就导致投资者判断出现偏差，并阶段性地出现股市对不重要的信息反应过度。

约翰·伯尔·威廉姆斯（John Burr Williams）在其著作《投资价值理论》（*Theory of Investment Value*）中评论道，股价主要取决于现在的收益能力，而很少受长期支付股息的能力的影响。他的发现表明，股价波动与下一个年度的收益变化强相关，突出一种显著的过度反应模式。过去 50 年的经验证据确认了红利并不显著变化，不足以解释资产价格的相应波动。为维持红利支出，投资者似乎过度看重短期结果而非公司的长期基本面。

行为金融学领域的杰出学者理查德·塞勒在《金融杂志》上发表了一篇文章，为一种叫作"市盈率异常"的长期投资者偏差提供了证据。这种异常是指极低市盈率的股票比高市盈率股票有更大的风险调整收益。[3] 假设市盈率很低的公司是被低估的，因为在一系列低收益、管理层重组或类似的相关不确定性之后，投资者被认为过度悲观。他构建了一种策略来利用这种偏差。3 年期内经历了过高资本收益的股票被归为赢家，而经历了极端损失的股票被视为输家。可以通过购买输家的股票、出售赢家的股票构建一个投资组合，以捕捉过度反应效应。结果十分惊人：研究表明，过去半个世纪内，输家的投资组合比赢家的投资组合平均每年业绩高出 8.1%（见图 5.3）。

这就是市场中性投资的魅力。不管市场环境如何，一个对股票估值、股息率和财务杠杆中立的投资组合都可以产生正回报率。即

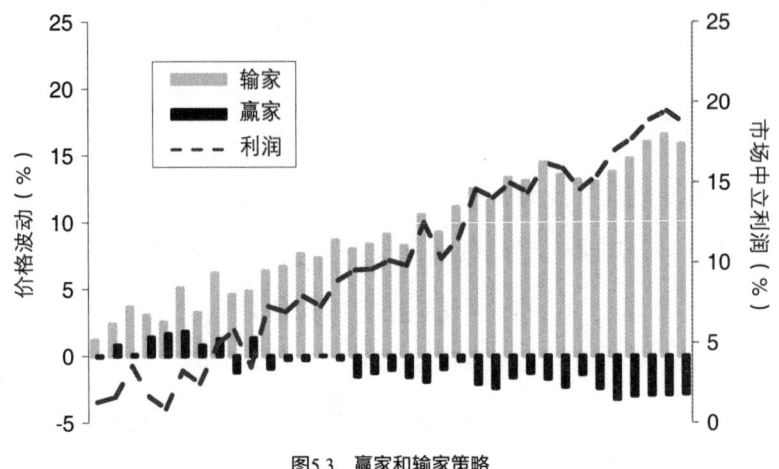

图5.3 赢家和输家策略

使在股市修正、长期融资利率上升以及周期性经济下行中，市场中性的投资者也可以获得超额回报。

诸如价值溢价的计量经济学研究为市场中性投资奠定了基础。拥有一个描述股票相对价值的模型，市场中性经理们可以构建投资组合，买入估值过低的股票并卖出估值过高的股票，利用估值的无效率获益。例如，一个价值型与成长型股票的组合就可以捕捉期望的超额收益，而同时对市场整体收益保持"中立"。

塞勒、威廉姆斯、弗伦奇和法玛等一大批经济学家的学术研究确立了市场中性投资哲学的有效性。对黑盒圈而言，实证指标描述股票相对价值的有效性是一个特别有意思的东西。研究公司可以基于它们的实证特点来对公司进行排名，根据公司间的相对价值识别高质量股票和低质量股票，而不是研究商业模型或与公司的 CEO 或 CFO 会面。

第五章 分散的信徒
Chapter 5　Disciples of Dispersion

风险因子模型

市场中性策略通过对风险因子分析进行比较，识别高质量与低质量股票。风险因子是指衡量股票相对于市场的风险的变量。它们允许投资者在一系列的股票中测量一种特殊类型的风险，如负债、利率风险或对通货膨胀的敏感度。风险因子常常是传统的资产负债表指标，如账面市值比或市盈率，它们同时也是量化一种股票对另一变量敏感程度的指标。

黑盒公司利用风险因子分析来更好地理解股票的相对价值，并建模复制价格异常。风险因子模型将股票相对于其他金融资产进行排名。通过计量经济学研究，量化经理们决定哪些风险因子在股票定价中统计显著性最强，并进行相互比较（见表5.1）。

表5.1　风险因子

市盈率	当前市场价格与每股收益之间的比率
账面市值比	净资产价值与市值的比率
现金流与价格比	每股现金流入与当前市场价格的比率
收益动量	每股收益的预期月增长率
股息率	基于股价的红利收益率
优先债比率	不足市值的债券（或其他形式的负债）数量

不同股票和不同行业的风险因子不同，原因有很多。会计实务、资本结构、负债来源的不同都会影响公司净资产价值的计算方法，相应地影响其与同行相比较的方式。例如，在医药公司，行业内不

同股票的市盈率差异巨大,反映的是不同公司的期望增长率不同。量化研究者会研究这些变量的历史水平,以判断未来收益率是否有任何统计显著性。

风险因子分析在理解跨行业以及同行业差异时尤其有用。研究已经表明,对未来收益率更好的预测可以通过将解释变量按照特定行业分解来实现。股票自身特点和市场均值之间的差异可以为观察到的个股业绩优于行业的现象做出解释。例如,由于行业独特性这样明显的原因,娱乐公司和建筑公司的收益动量也许不具有可比性。但看一看单一行业内的收益动量,也许对该行业内最优和最差的股票会得出有趣的结论。结果,市场中性模型经常被设计为"行业中立",在整体上实行美元中立的情况下,在一个行业内寻找赢家和输家。

挑选一个行业内的赢家和输家有很多诱因。平均行业离差(最好和最差业绩之间的差异)从每月2.0%到每月8.0%不等。成功的市场中性策略能够产生十分可观的利润,而同时很少受到市场整体趋势的影响(见图5.4)。

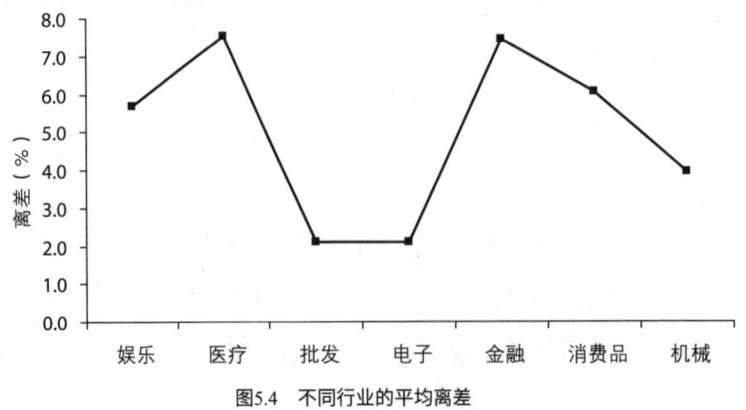

图5.4　不同行业的平均离差

第五章 分散的信徒
Chapter 5 Disciples of Dispersion

量化研究过程也十分适合理解一个投资组合对市场中的假设情况的敏感程度。黑盒公司可以针对商品价格波动、利率变化或货币贬值来模拟它们策略的表现。它们可以观察股息减少或公司重组的历史影响。量化分析是一种成功的市场中性投资方法，因为它在一个稳健的研究框架下证实了经济学理论。

量化策略也从利用历史数据进行回溯测试中受益。虽然历史模拟并不预测未来收益，但它们让基金经理更好地理解模型的风险—回报关系以及对各种指标的敏感性。通过回溯测试，量化经理们可以在不同的经济环境下评估其投资组合对各种风险因素的敏感程度。

市场中性策略对传统投资者产生了广泛的吸引力，因为它们以直观的经济学原理为基础并且易于表达。市场中性的公司实现了科学和经济学的真正互补，因此它们成功地吸引了机构投资者。

杠杆效应

市场中性策略是一种相对价值策略，使用这种策略，人们从风险、流动性和收益率等方面评估每个投资机会的相对价值。通过用一只股票对冲另一只，相对价值策略独立于市场方向（或与之不相关）。它们在牛市和熊市环境里一样可以赚钱。尽管非定向策略如此吸引人，投资者却很难直观地理解其上行潜力。如果投资者投资于新兴市场，比如俄罗斯，他可能会基于历史波动率和对经济形势的普遍情绪，得到一些有关上行（和下行）潜力的参考。但是投资者要如何形成对市场中性策略潜在收益的观点？

市场中性策略的收益取决于与传统投资不同的指标集合。通过套期保值，市场中性公司有效地降低市场波动性和定向波动的风险。按照年化收益率计算，购买标普500指数基金的投资者有望在好的年份获得30%的回报，在经济不景气时一年损失30%。这是基于标普500每日2%范围内的历史波动率。而相反地，市场中性策略旨在通过多头和空头头寸的组合来最小化投资组合的方差。将两只股票进行线性组合，如买入雅虎（Yahoo!）的股票并卖出易趣（eBay）的股票，将降低50%的波动性。例如在2008年，尽管美国市场经历了历史上最为动荡的一年，市场观察到70%的跌幅，雅虎和易趣两只股票的价差平均只有10%（见图5.5）。

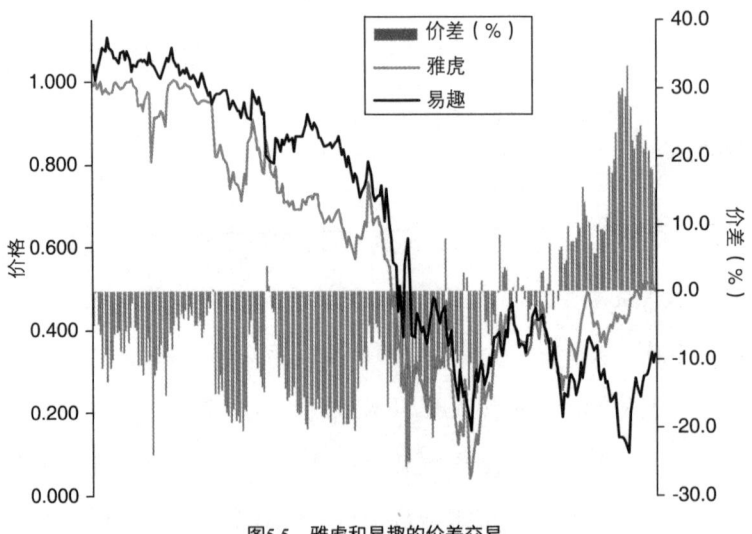

图5.5　雅虎和易趣的价差交易

注：价格指数已按照基准值1.0作标准化处理

第五章 分散的信徒
Chapter 5 Disciples of Dispersion

市场中性对冲基金试图用金融的方法设计改造策略，通过多样化和套期保值的策略将波动率最小化。它们将相关股票的多头/空头头寸相结合，因而能够设计出想要的风险—回报特征，显著地减小了年化波动率。

市场中性策略取决于市场总体波动率以及指数内和行业内收益的分散。分散是指一个组内最好和最差股票之间的差异，它是市场中性策略利润的重要决定因素。如果分散较大，通过选择行业内的赢家股票（和输家股票），有较大潜力跑赢市场。一个只有两只相关股票的投资组合一个月的分散可能在 5%~10% 的范围内。但是随着组合中的股票增多，总体分散程度减少到一个月只有几个百分点。结果，一千只证券的优化组合的年化波动率可能只有不到 10%。

结果，市场中性公司依靠杠杆来放大收益。投资者渴望每月低波动率，同时还想要两位数的年收益率。市场中性公司使用杠杆来扩大它们投资组合的收益，即使是最专业的股票投手可能也会要求 2 倍或 4 倍杠杆来达到两位数收益率。管理 10 亿美元资产的公司可能会采用借债的策略，买入 20 亿美元并卖出 20 亿美元，大大扩大其在市场中的影响力。由于所有同行也依赖杠杆，一个价值 1000 亿美元的市场中性投资公司的行业成为市场流动性的重要来源。

分散效应

市场中性策略为数以百计的对冲基金以及自营交易公司所使用。那些更加优秀的对冲基金如 AQR 资本、黑山资本、SAC 资本、德

跟踪信号：黑盒交易如何影响从华尔街到上海的股市
Chasing the Same Signals: How Black-Box Trading Influences Stock Markets from Wall Street to Shanghai

劲基金、高桥、Stark 投资、千禧以及马歇尔·伟世基于市场中性策略的资产业务已成长到数十亿美元的规模。鉴于由高盛、摩根士丹利、瑞银（UBS）、德意志银行等运营的内部自营交易柜台也有数十亿资产分配给市场中性交易，对行业资产总额进行封锁是不切实际的。

一个对冲基金的独立调查提供商估计，2007 年其资产峰值超过 1200 亿美元。然而，当考虑杠杆时，没有行业监管机构可以估算市场风险的总价值。2008 年金融危机之前，市场中性投资在其峰值处可能轻易达到市场上超过 5000 亿美元的杠杆头寸。尽管这些公司的计量经济学模型可能正在寻找长期异常现象，其庞大的管理资产规模意味着大量交易量的产生。可以想象，市场中性投资者可能占据市场日常交易活动的 5%~10%。

由于市场中性公司的战略是非定向的，它们的影响十分微妙。它们的交易活动在市场中扮演着不同的角色：它们抑制波动性。全球股票市场中一个更加明显的趋势在 *The Barra Newsletter* 期刊中得到了描述，该期刊由风险管理和投资组合分析领域的领导者 MSCI Barra 发行。[4] 它强调，全球股票市场一直观察到横向波动或"分散"的减少。

1998 年俄罗斯违约危机之前的一段时间内，分散状况一直保持稳定，美国股票市场的月度收益率徘徊在 7%~9% 之间。1998 年之后，全球股票市场分散度上升至 13%，之后在互联网泡沫时期达到 23% 的峰值（见图 5.6）。随后到 2006 年，这一趋势已经下降到不足 5% 的历史低点。虽然经济学家们对近期股票分散趋势的解释存在分歧，但研究表明，相对价值策略（如市场中性投资）的增长在抑制行业分散方面发挥了至关重要的作用。

第五章 分散的信徒
Chapter 5 Disciples of Dispersion

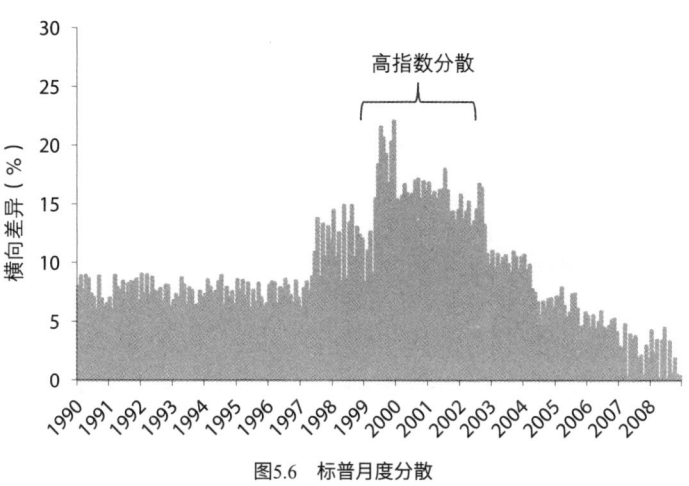

图5.6 标普月度分散

芝加哥大学的学者开展的一项研究假设了一个关于市场中性投资者的有趣观点。它们是反对传统投资者的反向投资者。通过使用风险因子模型对股票进行排名，市场中性公司买入被低估的股票，卖出被高估的股票，两者不成比例。它们是反向投资者，其特点是买入其他投资者认为不合时宜的"过气股"，并抛售投资者们过分强调近期表现的"魅力股"。从这个角度看来，市场中性投资者是一群特殊的流动性提供者。它们在其他投资者已经没有兴趣的领域提供流动性。结果，它们的交易活动会抑制市场上赢家和输家之间的分散程度。过去10年中，股票分散的显著减少正是它们影响力的证明。

经济学家可能对近期股票分散的趋势有着不同的解释，但是他们在一个方面保持一致意见：随着越来越多的对冲基金公司跟踪同样的赢家和输家，投资者从市场中性策略中获利的机会已经减少了。

第六章　军备竞赛
为什么比起收入，公司成交量更受关注

　　财务页面中看得最多的就是当日最活跃的股票清单。这个清单按照市场成交量总结了交易最活跃的股票。它常常和那些展示收益最大或损失最大的表格放在一起。即使是最新的散户也熟悉这些简单的市场总结的价值，因为这些数据让我们快速地了解当天的活动，让投资者观察到是否有超出正常市场波动的异常值。

　　最活跃的股票主要是大盘股。美国上市前10大最活跃的股票一般肯定会包括微软、通用电气、宝洁（Procter & Gamble）和沃尔玛（Wal Mart）——如果它们不是每天都上榜的话。偶尔将会看到一家鲜为人知的公司进入前10名。投资者会立即知道，必然有事件触发成交量上升。一家药品公司可能已经从监管机构获得了期待已久的新疫苗批准；一家采矿公司可能发现了一个金矿；一家会计师事务所可能卷入丑闻的谣言。信息推动了股票市场交易活动的相对水平。

　　然而，最活跃的股票清单几乎没有说明这些成交量是如何到达市场的。是在市场开放期间发生的吗？是交易在收盘时走高的吗？

第六章 军备竞赛
Chapter 6 The Arms Race

当日中间有大量的交易吗？成交量分布呈线性还是在新信息出现前后升高呢？

在伦敦，交易最活跃的时段是在市场收盘竞价时——平均5.5%的成交量发生在最后的交易中。伦敦证券交易所的开盘竞价几乎不到当日交易活动的1%。平均来看，一天中伦敦证券交易所的股票开盘时成交量很小，随后交易活动在整个下午有所增加，在收盘竞价时达到峰值（见图6.1a）。

而在意大利，成交量的分布则是另一回事。开盘竞价和收盘竞价都是适度活跃，占当天活动的4.5%。交易时段不像伦敦一样偏向一边。然而在意大利，早上开盘竞价之后股票交易活动逐渐减少，一直到中午，然后在收盘竞价前一小时又继续增加。成交量分布图就像一个"微笑曲线"，其中开盘和收盘时达到峰值，日中成交量走低（见图6.1b）。这在意大利是很正常的一个交易日。

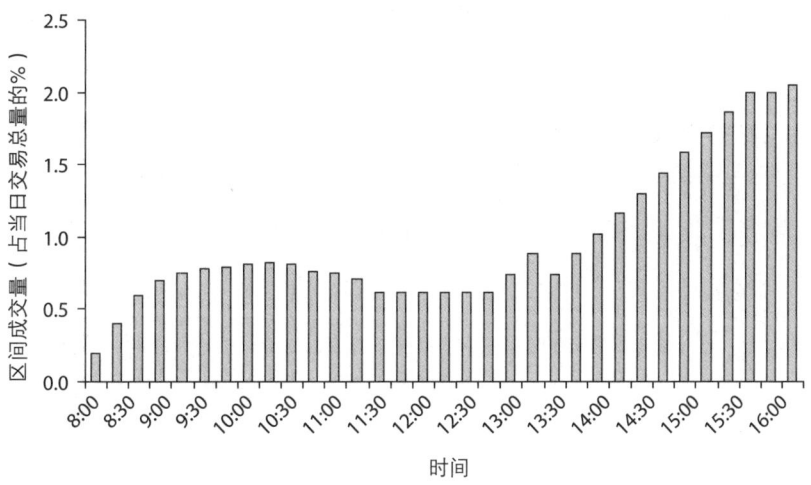

图6.1a 伦敦证券交易所的成交量分布

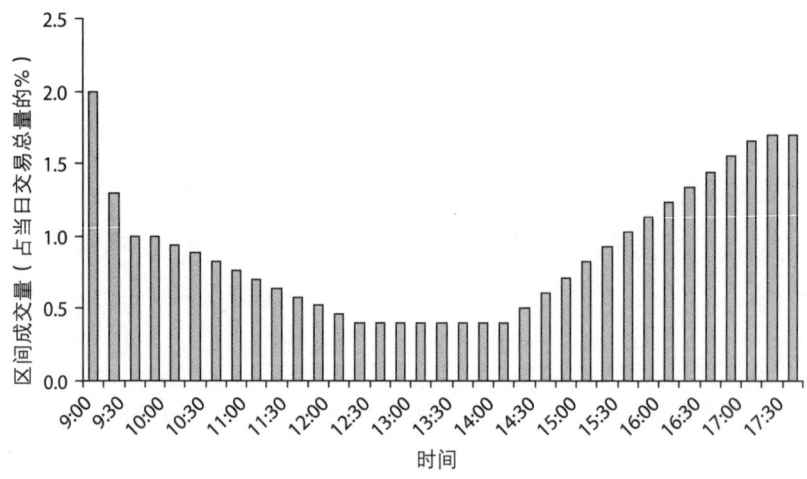

图6.1b　意大利证券交易所的成交量分布

  投资者可能会想知道，为什么伦敦和意大利在成交量分布模式上如此不同。这是因为信息抵达不同国家的时间不同？还是因为当地的交易者有着不同的执行策略？是因为投资组合经理在一天中的不同时候做出投资决策吗？监管环境是否影响更高流动性出现的时间段？成交量的分布是否给投资者传递了一些信息？

  成交量的分布虽然并不是一种被广泛记录的股票特征，但也可以说是金融行业被审计得最多的指标之一。华尔街的公司每年投入几亿美元用于此研究，以更好地理解一天中不同股票以及不同时段成交量的敏感度。是什么影响了股票成交量？为什么一只股票在开盘时成交量更大，而收盘时交易较少？什么样的信号更有可能触发成交量剧增？这些是华尔街的量化研究分析师提出的问题。他们对成交量的重视十分直接：执行是他们业务的核心。市场中性策略和

第六章　军备竞赛
Chapter 6　The Arms Race

统计套利策略都面临同样的困境：摩擦效应（如经纪佣金）会侵蚀一个成功的量化策略的利润。随着全球市场观察到波动性、线性相关性以及跨行业差异的减小，黑盒策略的利润也相应地减少了。即使使用的模型有预测的能力，他们的误差限度也更小了。

自从电子市场诞生以来，更多人关注股票的成交量分布而非收益公告。这些投资者并没有在等待每日结束时公布的最活跃股票清单，而是全天每个时刻都在持续关注相对活跃度。任何偏离正态分布的情况都可能是一个异常事件。10分钟区间内成交量上升和来自公司CEO的一份公告一样可能导致股票价格异常。

追溯流动性已经从一种经金融中介机构谈判的大宗交易行业向自动化市场的方向发展。在自动化市场，交易发生在计算机化的投资者之间，每个投资者都有独特的风险偏好和投资目标。成交量已成为每一个黑盒交易策略跟踪的共同指标。

流动性提供者和需求者

2009年7月，中国石油化工集团公司（简称中国石化）成为第一家进入财富500强前10名的中国公司。由于该排行是基于2008年的收入，中国石化的这个里程碑直接得益于历史的高油价和金融动荡，后者将美国最大的银行机构从前10名中移除。尽管如此，这仍然是一个具有历史意义的时刻。

中国石化的业务包括石油和天然气探测和加工、化学纤维、肥料、储存、天然气。此外，作为进出口机构，中国石化也经营原油业务。

跟踪信号： 黑盒交易如何影响从华尔街到上海的股市
Chasing the Same Signals: How Black-Box Trading Influences Stock Markets from Wall Street to Shanghai

这家公司在上海证券交易所（SSE）、香港证券交易所（HKEx）以及纽约证券交易所上市。自中国登上世界金融舞台，中国石化的知名度不断上升。随着中国经济以两位数的速度增长，并且油价从30美元上涨到近150美元的峰值，中国石化的市值增长了7倍，成为全世界最大的公司之一。但在油价上涨前很多年，中国石化都无缘跻身财富500强，在财经新闻中也很少占据头条。

2002年1月23日发生了一个关键事件：什么都没发生。那对中国石化而言就是一个典型的交易日。没有新闻，也没有公告。油价记录没有出现在头条中。中国石化在港交所的开盘价是1.06港元，收盘价下跌1分，达1.05港元。中国石化在晚间新闻中并没有值得一提的信息。

1月16日，中国石化发布了最新报告，时任总经理李毅中公布中国石化与英国石油公司合资，共同在浙江省建500个加油站。不过，这一信息早在几个月前就有推测，也长期反映在中国石化的股价中。1月23日，整个港交所的市场成交量很小。时值中国农历新年前几周，很多中国人当时很迷信（现在也一样），不敢在过年前开展风险业务，因此市场成交量受到了季节性的影响。虽然1月23日什么也没发生，但还是出现了一些情况。上午11:04，股市开盘后一个多小时，产生了一些股票交易。这一部分交易占当天成交量的63%，这在中国石化的一个普通交易日里是一笔不小的交易。这部分交易是之前30天平均成交量的两倍（见图6.2）。当天上午发生了一件事，那就是一个投资者要求流动性。中国石化的一位买家想要以当时最佳的价格1.07港元和1.08港元一口气买入全部股票。

第六章 军备竞赛
Chapter 6　The Arms Race

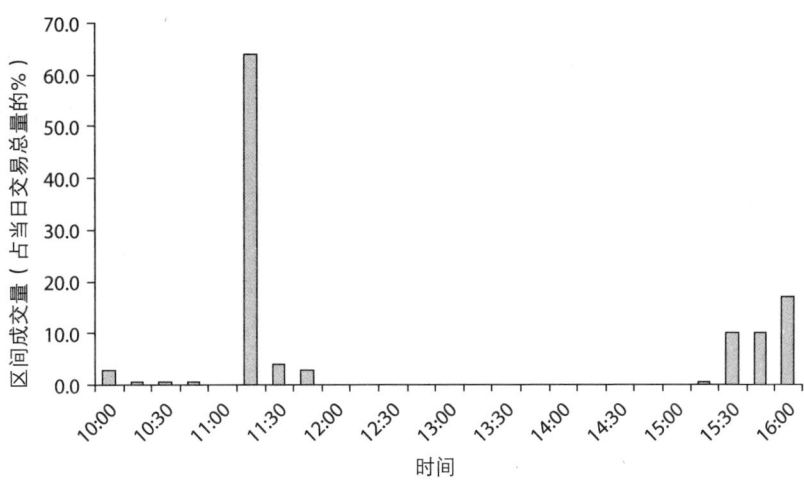

图6.2　中国石化的成交量分布
来源：彭博社

买家支付了最近交易的1%溢价（即0.2分港币），立即买入股票。中国石化的股票价格瞬间飙升，随后市场安静下来，收盘前仅发生了几笔交易。当天最后的交易都由卖家发起，以市场最高买方报价1.05港元交易。

尽管过去10年间出现了这么多花哨的交易策略，市场上的投资者仍然可以划分为两类：流动性提供者和流动性需求者。流动性需求者是指发起交易的个人。用业内的话来说，他是满足买价或提升卖价的那个投资者（或交易者）。"需求"这个术语指的是投资者对交易对手方的需求。流动性提供者是指其股票成交或在市场队列中上升的对手方投资者。流动性提供者是只愿意以自己特定的价格交易的投资者，他们愿意在队列中耐心等待，直到另一位投资者满足自己的价格。而需求者急需完成交易，这些投资

跟踪信号： 黑盒交易如何影响从华尔街到上海的股市
Chasing the Same Signals: How Black-Box Trading Influences Stock Markets from Wall Street to Shanghai

者愿意支付溢价（也就是买卖价差）而不是在队列里一直等，看着市场从他们眼前渐渐消失。需求者厌恶承担市场风险，并且不愿意等待。

1月23日上午11：04发生的事件被称为"流动性窗口"。不知道当时是在何种催化作用下，买家要求完成指令，并愿意支付溢价。买家可能对股票有长期观点，超过价差的成本；他可能相应地卖出了一部分中国石油（一家类似的中国上市公司，在油气行业被低估）的股票；他可能是投机者，希望让股票价格恢复。而流动性提供者可能带着若干个目标在卖方队列中等候。他可能是长期投资者，只愿意以1.07港元或更高的价格出售股票。他可能是当地的经销商，愿意以1.05港元买入股票，以1.07港元卖出，赚取微薄利润。不管在何种情况下，他都不会紧急地要立刻发起交易。

这是所有投资者中的常见互动：权衡成本和风险。在《最优交易策略》中，罗伯特·基塞尔和莫顿·格兰茨将这描述为"交易者困境"。如果一个交易者执行指令太过激进，他可能会面临较高的市场影响成本；如果他执行得太过被动，则可能会暴露于显著的时间风险，后者可能会由于价格反向波动而引发更大的风险。交易者要负责在这些互相冲突的目标之间做出权衡取舍。[1]

然而，成本是一个非常主观的东西。一些成本是固定的，如经纪费用和结算成本，而其他成本则难以定义，如市场影响和机会成本。众所周知，不同地区的成本千差万别，这是供应者和需求者行为的最大影响因素之一。其结果是，交易成本直接影响市场的流动性。

第六章 军备竞赛
Chapter 6　The Arms Race

市场结构的重要性

伦敦证券交易所和意大利证券交易所成交量分布差异的原因与在这些市场上市的股票的根本吸引力几乎没有关联。两国在发展中的泛欧洲经济中都十分具有吸引力。它们也面临相似的风险，因为一国的衰退会对另一国产生连锁效应。这种相互依赖的关系反映在伦敦证券交易所富时100指数（FTSE-100）和意大利S&P/MIL-30指数的强相关性中，后者自欧元启用以来每年都在增长。

两国日间流动性分布之间的关系又是另一回事。投资者在这些市场获得流动性的方式不同，很大程度上受到市场结构独特性的影响，而不是经济的基本面。市场结构领域宽泛地将股票市场按照市场机制、监管环境以及金融界组成来划分。对不同地区市场结构进行的综合分析将包含经济学的好几个领域，每一个领域都对影响市场流动性的因素有着强烈的观点。了解股票如何交易的市场机制非常有利于我们理解成交量分布，例如为什么意大利的交易活动发生在上午，而伦敦的发生在下午。

由于伦敦是欧洲一个已经成熟的金融中心，伦敦证券交易所受到美国市场活动的强烈影响。伦敦证交所的成交量向下午晚些时候倾斜，那时美国市场开市，大约是格林威治时间下午2:30。在意大利，尽管市场也受到美国开盘的影响，意大利证券交易所在上午的竞价中吸引大量指数期货以及单只期权到期的交易，这导致上午竞价的对冲交易。衍生交易导致受益所有权的变化，这涉及独特的纳税义

跟踪信号： 黑盒交易如何影响从华尔街到上海的股市
Chasing the Same Signals: How Black-Box Trading Influences Stock Markets from Wall Street to Shanghai

务，并导致活跃的交易活动。

尽管投资界可能将欧洲视为一个市场整体，所有经济体都受到同样基本风险的影响，由于市场结构的原因，交易者在每个国家开展业务的方式大有不同。泛欧洲市场的开盘时间错列，对最低价格步骤、开盘和收盘竞价、日中竞价有独特的规则，税收规则独特，对期货以及期权交易等的监管措施不同。市场结构的独特性对流动性到达市场的方式和时间有着重要影响。结果，成交量分布集合了地方市场结构的这些独特方面，因为每一种机制都影响到愿意提供流动性的个体。[2]

中国石化的多数交易在香港证券交易所完成，这里就是一个市场结构如何影响成交量分布的经典例子。从传递给会员的实时信息来看，港交所是全世界透明度最高的交易所之一。经纪商的名字、连同他们在队列中的指令都会被透露给其他经纪商。在购买队列和出售队列中有指令的经纪商会让他的竞争者们看到他的名字。虽然有几百家当地的经纪行，任何一个大宗交易投资者都可以被金融界识别。港交所还具有不同于其他任何全球主要市场的细微之处：交易所的指令簿每秒钟滞留3个指令，以抑制交易速度。这个限制起源于1995年港交所向电子平台的转变，其强制规定旨在为当地经纪商和外国公司维持公平的竞争环境。由于人们认为本地的经销商每3秒钟只能将一个指令输入进交易所终端，因此港交所决定给电子通道设置同样的阈值限制，保证当地经销商面对高技术含量的全球投资银行不至于处于劣势地位。

流动性提供者也必须考虑当地税收。考虑到资本利得税，香港金融管理局（HKMA）为每一笔交易强加了12.5个基点的印花税。任何一个希望提供短期流动性的投机者都将支付0.25%的往返税，不管他是赚钱还是亏损。其结果对流动性的影响是，没有投资者愿意为微小的价差而交易。交易者至少要0.5%的往返收益才能克服交易中的摩擦效应，包括经纪商、结算以及当地税收。这就是为何在石油交易价格超过100美元之前，中国石化的买卖价差平均有60个基点。流动性提供者在短期盈利之前需要克服高成本。

中国香港、意大利和伦敦市场是三个不同的市场结构案例，每一个市场都有不同的成交量分布模式。投资者在不同地区获得流动性的方式必须符合当地市场结构。华尔街的公司每年花几百万美元开展研究，一个一个国家地分析成交量分布，是因为它们有动机获得比竞争对手更好的预测。通过优化执行来最小化交易成本已经成为基金表现最独特的方面之一。在现代金融市场，你如何交易与你交易什么同等重要。

交易成本的重要性

基金业绩不仅取决于一项成功的投资策略，还取决于其高效获得流动性的能力。共同基金行业第一个经历了执行角色：成本是基金业绩的重大决定因素。

20世纪90年代，有一类学术研究关注的是资产管理不那么迷人的一个方面：交易成本。交易成本是实施基金投资策略时产生的摩擦效应。这些成本包括经纪商的佣金、结算和清算费用、税收、市场影响以及机会成本。虽然它们不如研究会议以及和CFO们会面那么有吸引力，学术研究也突出强调，交易成本和成功的选股对基金业绩来说同样重要。

沃顿金融学院的一项研究随机抽取了132只共同基金作为样本，通过量化发现基金的交易成本和其表现之间存在逆向关系。在样本区间内，费用比率排在最高五分位数的基金平均收益率为9.76%，而成本最低的基金收益率达到了14.52%。最好的基金交易成本最低（见图6.3）。

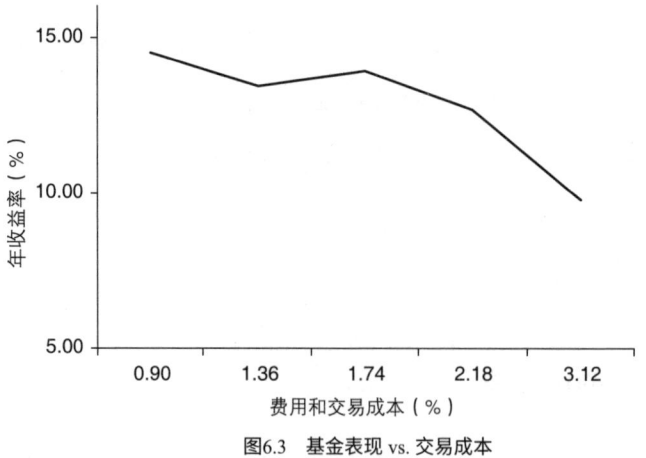

图6.3 基金表现 vs. 交易成本

学术研究也表明，固定成本只是交易的一个方面。虽然更大的资产管理者会因为他们的议价能力而受益于更低的经纪人佣金，但他们的体量在减小成本结构方面好处十分有限。随着佣金降低，固

第六章 军备竞赛
Chapter 6　The Arms Race

定成本在市场相关成本中的地位越发不重要。沃顿的研究表明，美国最大的共同基金经理的经纪人佣金在 30 个基点范围内，而买卖价差导致的交易成本则有 47 个基点。[3] 基金总成本中超过 60% 的部分与市场相关。

学术研究更惊人的发现在于不同的共同基金之间市场相关的交易成本的差异。表现最佳与表现最差的基金之间，与市场相关的成本相差 59 个基点。表现最差的基金要支付的交易成本是其经纪成本的两倍。基金业绩差异很大程度上是由其执行指令的质量决定的。

"支付价差"，即作为流动性需求者，其成本远远高于几个基点；随着时间推移，它可能会让一只基金破产。资产管理者必须要有一个流程来建模和管理交易成本，并优化风险—回报关系。交易者驾驭风险—回报边界的困境已经成为一门科学。

在管理摩擦效应中最重要的部分是理解成交量分布。基塞尔和格兰茨在他们的书《最优交易策略》中提供了一个对交易成本建模的学术框架。很多时候投资者的指令远大于市场在同一时刻能够吸收的量。如果投资者能够准确预测成交量，他就能够随时间分配指令，以最小化市场影响，避免支付溢价。市场影响分析的基石是对成交量分布构建的实证模型。

在现代电子市场中，以最优的方式最小化交易成本的做法已经变得越来越学术，也越来越复杂。这导致了黑盒技术在金融行业内最大规模的扩散之一：算法交易。过去 10 年内发生的事情只能用交易技术的军备竞赛来形容。

跟踪信号：黑盒交易如何影响从华尔街到上海的股市
Chasing the Same Signals: How Black-Box Trading Influences Stock Markets from Wall Street to Shanghai

算法时代

随着 20 世纪 90 年代晚期电子交易技术的出现，执行业务经历了巨大的变化。执行业务从在交易对手之间手动寻找流动性的过程，转变为使用量化方式对影响建模并在多种流动性场所中寻找流动性的过程。对于公司来说，最先进的技术对于驾驭当地市场机制的市场结构和以更高的频率进行交易至关重要。

对公司来说，交易技术对于在交易所的指令簿中取得优先地位并超过竞争者十分必要。这个方法叫作"排队策略"，公司将其指令放在比同行优先的位置。这一方法增加了以期望价格进行交易的机会，并将由支付买卖价差导致的成本需求最小化。如果你落后于其他人，你就要持续不断地跟踪市场；但如果你是队列中的第一个，你就有更大的机会以现行市场价格进行交易。交易技术对于获得优先权至关重要。

订单智能分派技术（SORT）是自动化执行技术的第一层。这是将交易的机械部分进行自动化的战术算法。例如，交易者可以使用这些算法，在开盘时立即将大量股票直接发送给市场，从而提供获得优先权的最佳机会。然而，SORT 技术只是一套提高交易者效率的工具。投资经理还需要产品来优化他们的指令执行。他们需要智能算法来最小化交易成本。

算法交易引擎（或算法）是执行技术的更高一层。这些用金融方法设计的策略将指令的执行最小化为行业基准，如市场成交

第六章 军备竞赛
Chapter 6　The Arms Race

量加权平均价或收盘价。在这个意义上,将指令发送给算法,与口头上将类似指令发给经纪人没有什么不同。但是,该算法由金融方法设计来最小化交易成本,应用了最新的学术理论和最先进的技术。

传统的资产管理人是算法交易的最大支持者,有两个原因:这些系统是用金融的方法设计来最小化交易成本的,且它们支付给人工交易者的佣金率更低。通过使用算法,资产管理人可以降低固定成本和与市场相关的执行成本。

美国市场向数字交易转型后,金融行业快速地采用了算法。独立研究公司 TowerGroup 宣布 2004 年为"算法之年",因为当年美国资产管理人的电子交易在整个执行业务中增长了 20%。

随后,算法交易已成为全球主要市场获取流动性的最主要方法之一。仅用资产管理人采用电子交易来解释,就低估了算法交易的增长,因为经纪公司的内部使用也扩大了算法的使用范围。近几年来,经纪人越来越依赖算法来处理他们机构客户的指令。由于该行业的经济状况,经纪人对扩大业务规模、提高执行质量有更大的需求。很多全球性的投资银行已经实现了客户业务翻倍,但交易员工人数只是略有增加。如果他们在思科系统收到 2000 万美元的指令,他们可能会将 1200 万美元投入算法,然后根据他们对市场的看法,手动执行 800 万美元的指令。这就是为什么在这场技术的军备竞赛中,一家普通的华尔街公司的 IT 支出增长到了每年 10 亿美元。投资银行使用 SORT 和算法来处理超过 30% 的客户指令。在当今市场上,算法是流动性的重要来源,每日对应的交易额达 300 亿至 400

亿美元。它们对市场的影响在于市场速度的快速提升和小额指令的快速增长。

流动性的碎片化

算法交易已经成为市场微观结构中最具影响力的因素之一。将投资者的供需习惯转化为价格和成交量特征的过程不再由交易者把握市场时机来决定，而是由寻求流动性的复杂算法来驱动。同时，最突出的市场趋势之一是流动性的碎片化。每天的大宗交易越来越少。

过去 5 年内，在几乎每一个主要的全球市场，平均交易规模都经历了大幅下降。从 2004 年到 2008 年，纽约证券交易所的平均交易规模从超过 3 万美元下降到不足 5000 美元。伦敦证券交易所也观察到平均交易规模从 2.5 万美元下降到不足 3000 美元。平均交易规模的趋势可能不完全是由算法交易的增长所导致，但算法是压倒性的影响因素。由于经纪商使用算法来管理客户的指令，市场观察到更多单个交易的数量更小。机构客户的 1000 万美元指令可能分为一连串几百美元的小额指令来执行。在韩国这个 DMA 电子交易被禁止的市场，下降的趋势是一样的。韩国证券交易所的平均交易规模从 2004 年的 7100 美元下降到 2008 年的 1200 美元（见图 6.4）。这个市场没有 ECN，没有 DMA，对冲基金必须通过结构化的产品来进入市场。经纪商内部使用算法最有可能是这种趋势的原因。

算法交易已经成为所有主要国际经纪行的做法，其结果是从大

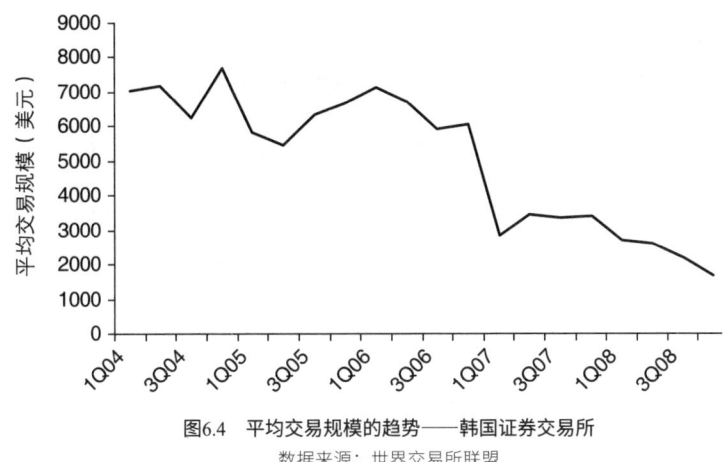

图6.4　平均交易规模的趋势——韩国证券交易所
数据来源：世界交易所联盟

宗交易到小额指令的快速转变。市场对成交量异常的反应比出乎意料的收益报告更加引人注意。

市场影响的长尾

2009年7月16日发生了一件事。香港特别行政区的前行政长官董建华（Tung Che Hwa）的航运公司香港东方海外公司（Oriental Overseas Limited）的投资者受到了打击。在市场交易时段的收盘时刻，东方股价暴跌了32%。股票没有消息，也没有任何公告或负面收益报告，指数持平。

这一事件确实成为头条新闻，报道评论了市场操纵的传闻。金融界的匿名消息人士对香港证券交易所的收盘竞价提出指责，该竞价已于当年早些时候暂停。中国香港当地报纸《虎报》（Standard）在事后报道了"错误的程序交易"。[4] 东方海外的32%跌幅位居"最大输家"榜首。但这种下跌十分短暂。下一个交易日开盘时,东方股价就反弹到之前的价格水平。一个晚上的时间,这家著名的家族控制航运公司就失去了70亿港币的市值(见图6.5)。对投资者而言,不幸的是,7月16日没有"成交量下滑最大"的表格。这可能更加深刻地反映了股价的急剧下跌。东方市场收盘时的平均成交量仅为过去30天平均成交量的一部分,市场影响表现为算法无法对逆境做出反应。

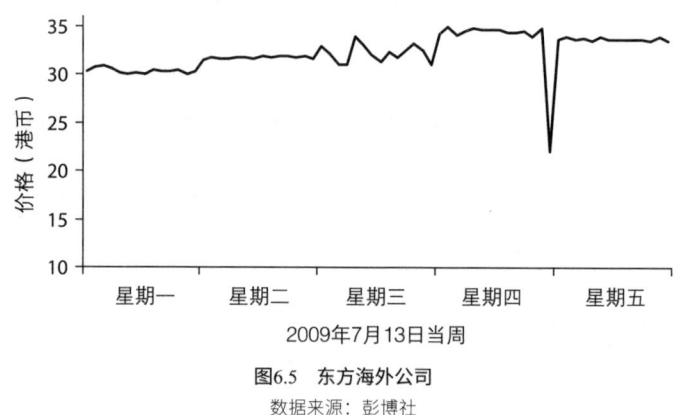

图6.5　东方海外公司
数据来源:彭博社

算法是被设计来最小化市场影响的,但它们很大程度上取决于对流动性的预测。当流动性弱时,算法可能会对逆境做出无法预测的反应。价格影响可能立竿见影,且十分严重。

市场结构的多样性加剧了这一问题。多数银行基于美国市场结构来设计它们的模型,然后移植到全球市场。很多针对新兴市场的算法设计不佳,而那些市场的机制非常独特。谷歌(Google)在5分钟窗口内的交易比阿里巴巴(Alibaba)一整天的还要多。一个市

第六章 军备竞赛
Chapter 6　The Arms Race

场的最优情况在另一个市场也许就成了难以预料的灾难。

总体而言，统计套利和市场中性策略对市场波动性和分散都产生了抑制的作用。但若考虑到执行行业技术的快速增长，在每一笔交易的基础上，异常事件的尾部近年来已经变得更加突出。一天内5%的增幅曾经是一个很大的波动，现在却很少进入前10名的名单。只有时间才能检验全球股票市场的投资者是否会经常经历两位数的反弹。

投资者可能会继续阅读每日"最活跃"的清单，但他们从市场普遍波动性中获得的见解将会减少。在现代市场中，疲软的成交量分布比难看的季度收益报告更加严重。

第七章　高频游戏
为什么最活跃的投资者却鲜有人知

2003年，经济学家哈拉尔德·豪（Harald Hau）对在巴黎证券交易所交易的股票进行了有趣的观察。豪注意到，当股票价格上涨时，波动性增加。从经济学的角度来看，这是违反直觉的。人们假定，股票的波动性反映公司固有的基本风险。管理层重组、公司产品问题以及消费者信心下降是股票波动性增加的常见因素，因为投资者对该公司未来的盈利潜力不太确定。鉴于公司的基本面变化，股价上涨将直观地反映出投资者信心增强，那么为什么在没有基本面变化的情况下波动性会增加呢？

全世界很多地方的经济学家已经就对市场波动性的影响展开了辩论。为什么德国的波动率比希腊要低？政治环境、投资策略的广度、公司质量、当地税收环境以及监管环境都是经济学家们讨论的话题，他们认为这些是影响市场效率的相关因素。但是，考虑到这些比较对象截然不同，那为什么相似的公司在不同国家的波动性也不一样呢？同时在两个交易所上市的外国公司，比如发行美国存托

第七章 高频游戏
Chapter 7　The Game of High Frequency

凭证（ADR）的许多公司，在美国市场的波动性往往比在他们自己的国家更低。

经济学家们怀疑有一个影响波动性的因素是交易成本。他们认为，更高的交易成本会令投资者退却，降低市场上投资策略的多样性。因此，成本在股票市场波动性中极具影响力。但经济学家几乎没有办法对这个理论开展实证研究。

波动性是一个特别难研究的现象，因为它很大程度上受经济周期的影响。2005年左右，全球市场上观察到几年的波动性下降，但接下来次贷危机爆发，投资者遭遇了空前的剧烈波动。经济学家研究波动性的难点是在不同的经济时期中孤立地研究一个因素。

巴黎证券交易所提供了一个近乎完美的自然实验，来分析交易成本的作用，因为它是一个独特的案例，其中一个因素可以被单独地应用于特定股票，而不是整个市场。在巴黎证券交易所，买卖价差的大小是交易所规定的固定金额。巴黎交易所管理购买指令和出售指令之间的最低价格差异。这被称为最小价格变动单位规则。

最小价格变动单位是指一个证券交易所里不同股票的最小价格差异。这是全球主要市场的结构中最独特的特点之一。交易所对最小价格变动单位的设置遵循一些共同规则，但从全球看，并不存在国际标准。有些交易所对所用产品都使用同样的最小价格变动单位，而另一些基于股票的价格水平使用可变比率。

20世纪的多数时期，美国市场的最小价格变动单位是1/8美分。20世纪90年代，为了提升效率，最小价格变动单位减小到了1/16美分，随后在2001年和2002年，小数计价法引进后，又降到了0.01

美分。与美国市场不同，全球大多数市场都会基于当地投资者熟悉的市场规则，使用可变的最小价格变动单位。比如，东京的股票价格在100万日元以上的，最小价格变动单位是1000日元，而股票价格低于10 000日元的，最小价格变动单位是100日元。

巴黎证券交易所的可变结构与日本类似，最小价格变动单位随股票价格而变化。标价更高的股票，其最小价格变动单位也更大。这些地方使用变化的最小价格变动单位结构而非按照固定增幅计算的原因有很多，有可能是因为市场效率。太小的价格变动单位可能会给经纪商、客户以及交易所系统带来运营和结算方面的问题。巴黎证券交易所提供了一个很好的自然实验，因为随着股票从一个价格区间移动到另一个，波动性可以测量出来。随着股价上升，最小价格变动单位增大。如果股票价格低于FF500，最小价格变动单位是FF0.1；如果股价上升到FF500以上，最小价格变动单位会上升到FF1.0；反之亦然。当股票价格突破FF500这一阈值时，最小价格变动单位会上升20%。鉴于这种结构，哈拉尔德·豪可以开展一个控制实验，研究相同的股票在可变价格变动单位制度下、在不同经济环境中的波动性。

豪的实证发现证实了很多经济学家的怀疑。交易成本越高，市场波动性越大。[1]在他研究的期间内，当股票价值增长，突破FF500这一阈值时，它们的波动性上升16%。波动性受到交易成本的微妙规则而不是基本面变化的影响。豪和其他的经济学家认为市场结构的摩擦效应对投资界而言是个劣势。成本升高阻碍了短期投机，相应地减少了流动性供应。

第七章 高频游戏
Chapter 7　　The Game of High Frequency

经济学家们至少在规则和市场结构对市场成交量的作用方面持一致意见。一系列实证证据表明，市场流动性与交易成本成反比。摩擦效应最低的市场（如美国市场）吸引外国投资者，培育出多种多样的投资策略。这些不同投资策略间的互动对市场波动性起到抑制作用。因而，市场结构对市场特征具有很大的影响力。

全球各地市场的交易成本差异很大。税收结构、经纪人佣金、交易结算和清算费用、基础设施以及运营都会影响特定市场上实际发生的交易成本，仅摩擦效应就对成交量有很大影响。

考虑到巴黎证券交易所的证据以及其他经济学研究，为什么交易所不简化其成本结构？整个金融界不会受益于更多的流动资金供应吗？这些问题是金融法规中为期最长的辩论之一。如何适当对待投机者？

经济学家和政策制定者长期认为，投机活动为经济带来了不稳定的影响。约翰·梅纳德·凯恩斯（John Maynard Keyes）在他的《就业、利息和货币通论》（General Theory of Employment, Interest and Money）中建议引入政府交易税，以削弱市场投机者的主导地位。他认为，投机活动增加了波动性，限制了长期投资者。不过，米尔顿·弗里德曼（Milton Friedman）对投机活动有着相反的观点：在他的《实证经济学论文集》（Essays in Positive Economics）中，他表示，投机者有稳定市场的作用。经济学家们都认同通过政策措施限制波动性是困难的。由于影响波动性的因素众多，监管机构要限制市场参与者的所有可能的不利行为是不现实的。例如，在经济危机时期，不能简单地限制投资者在恐慌中抛售股票。

跟踪信号：黑盒交易如何影响从华尔街到上海的股市
Chasing the Same Signals: How Black-Box Trading Influences Stock Markets from Wall Street to Shanghai

如今，一小波黑盒公司（它们成立只有几年时间）为市场波动性这场辩论拉开了最新篇章。高频交易公司已经成为全世界最活跃的投资者。它们参与全美国市场上三分之一的交易。然而，没有人听说过它们。

最活跃的投资者

次贷危机之后数月，尽管投资者间的恐慌情绪达到空前水平，他们担心出现像20世纪30年代那样的大萧条，全球股票市场的交易量却没有太大变化。在多数全球主要市场，2009年的交易额水平高于2008年。部分市场的交易量仍然不受影响，因为机构投资者和散户都在逃离市场，但在幕后，一个新兴的利基行业[1]正在努力支撑起全球市场的交易额水平。这些利基公司对公众来说如此模糊和含糊，以至于用来表示其投资策略品牌的最佳描述大致是"高频交易"。

2009年8月的《华尔街日报》（*Wall Street Journal*）简要介绍了这些利基公司中的一家，全球电子交易公司（Getco），其开场白就抓住了公众的情绪："高频交易中最大的玩家之一是最鲜为人知的公司之一。"[2]Getco每天交易几十亿的股票，是美国市场交易量的10%，但很少有人听说过这家公司。Getco以及其他知名度更低的公

---

[1] 译者注：利基行业（niche industry）指那些被市场统治者或有绝对优势的企业忽略的细分行业。

第七章 高频游戏
Chapter 7　The Game of High Frequency

司——骑士资本（Knight Capital）、韦德布什·摩根证券（Wedbush Morgan）、海纳（Susquehanna）等——组成了高频交易游戏中的一小部分玩家。"高频"这个标签十分契合它们，因为它们每秒钟内可以交易超过一千条指令。

不同于其他类型的量化公司，高频交易者并不试图利用经验中的价格差异获利，也不瞄准套利关系。它们不依靠对线性关系的历史分析、波动平均值或统计套利和市场中性公司跟踪的分散信号。很多这类公司甚至没有注册为对冲基金或经纪商—经销商，而是不受监管的、私人拥有的公司。它们是一种新型的金融公司，专注于市场上一种特殊的变量：买卖价差。对它们的投资策略更好的描述是"自动化做市"，因为它们的投资目标是在市场交易期间持续买卖证券，并且它们更愿意在市场收盘后少持有或不持有头寸。它们为市场提供持续的流动性，同时通过成千上万笔交易获得微薄的利润。

传统上理解的"做市商"是负责在买家和卖家之间维持市场秩序的公司（或个人）。一个注册的做市商有义务在整个市场交易期间提供买价和卖价，以期在买卖价差上获利。最重要的是，它是负责稳定供需不平衡的中介，当流动性稀缺时，将自身资本置于风险中，以维持交易。[3] 纽约证券交易所的专家对做市商有着最传统的理解。它们是官方指定的做市商，由交易所赋能维持指令簿的效率。从全球视角来看，纽交所是市场结构的一个独特案例。[4] 全球大多数交易所，如瑞士证券交易所（SSE）、巴黎证券交易所、东京证券交易所等，都是指令驱动的市场，指令在交易所的中心指令簿内基于价格—

时间优先性进行交易。

指令驱动型市场的做市通过传统的经纪商—经销商（例如全球投资银行或精品零售股票经纪商）存在。经纪商—经销商为客户提供买方报价和卖方报价，以便立即执行指令。投资银行为机构客户做市，通常是大宗指令，如果在交易所执行，将会对市场产生影响。零售经纪商为个人投资者做市，这些投资者更愿意让经纪商管理执行。在任何一种情况下，经纪商—经销商都从给客户的价格以及解除市场头寸的价格中获利。

独立自营交易公司（或个人）也可能参与做市。日本臭名昭著的 DoCoMo 人可以最好地描述为做市商，其通过在 NTT DoCoMo 日间交易获利。尽管由于日本市场机制具有独特的细微差别，DoCoMo 人是一个特殊案例，但他在提供短期流动性并在机构客户交易之间赚取利润方面准确地代表了这一类公司。

自动化做市游戏中系统性公司的出现是一个迭代的过程，随着电子市场的发展，其增长日益显著。早在 1996 年美国证券交易委员会引入新的指令操作规则时，量化公司就开始在为市场提供价格方面挑战传统做市商。证交委引入限价指令揭示规则，强制做市商和专业人士在电子通信网络上公开揭示最佳可用价格，为量化公司和机构做市商一起传播价格打开了大门。技术使高频公司获得优势。证交委在 1998 年采纳另类交易系统监管，为管理监督市场价格、监视以及系统稳定的制度化提供了一个框架。另类系统监管影响了整个金融界：它鼓励向电子通信网络、SORT 系统、算法以及数据供应商投资，并提高了市场效率。技术的军备竞赛使公司将交易频率从以秒计算增加到以毫秒计算。

自动化做市商最重要的催化剂是 2005 年 6 月证交委引进全国市场系统规则（Reg NMS）。在一系列提高美国市场竞争力的改革中，有一个是"指令保护规则"。这一规则强制要求所有交易必须在全国最佳报价（NBBO）的价格范围内执行。该规则保证投资者不会由于以比其他地方更差的价格交易而处于不利地位；它保证系统化的做市商指令若优于 NBBO，则可以优先执行。

Reg NMS 的引进使得美国市场对高频交易者更为有利，因为它保证来自机构投资者和散户的指令都需要以现有的最佳市场价格来交易。通过提供 NBBO 或更佳的价格，自动化做市商可以与传统做市商展开竞争。高频交易的游戏成了一个向市场提供最低价差的比赛。

价差

虽然买卖价差很少招致大量评论，它却是一家公司股票最有趣的特点之一。价差透露了大量投资圈对公司的看法。一般来说，价差越大反映出不确定性越大，而价差较小说明投资者更愿意交易。价差绝不是一个固定的指标。受当时的经济环境以及投资者的情绪影响，每一个交易日的价差都在浮动。价差在日间也会波动，受到市场每日波动以及一天中不同时段的相对活跃水平影响。价差就像股票价格一样，在市场不平衡时期会出现激增。价差的异常波动可能意味着价格回升或反转。

不同公司类型和市场的不同行业的价差都有区别。流动性最强的股票价差最小，如金融行业的股票，而流动性较差的行业，如公用事业股票价差较大。较低市值公司的价差往往较大，因为愿意提供流动性的投资者更少。

从全球看，不同地区的价差千差万别。由于交易所的最小价格变动单位，一些地方的价差受到限制，被人为地拔高，正如巴黎证券交易所和东京证券交易所的例子一样。不过，股票经常以远大于最小价格变动单位的价差交易。市场参与者经常是主流价差的决定因素，它们反映对潜在风险的看法以及提供流动性的成本。

交易成本是价差大小的重要影响因素。成本更高的环境（经纪佣金、地方税收、结算费用等）会使做市商产生摩擦成本。市场机制和监管环境也可能带来基础设施和运营投资的成本，以便提供短期流动性。在流动性最强的行业中，价差会向市场的往返摩擦成本倾斜。

然而，经济的不确定性仍然是决定价差的最具影响力的因素。在市场危机时期，如2008年10月雷曼兄弟（Lehman Brothers）破产时，全球价差达到历史高点，因为愿意在市场提供流动性的参与者减少了。价差总是会反映主流经济的不确定性，危机时期价差增大，投资者情绪转好时价差缩小。

做市也相应地涉及很大风险。任何一家在仓库中有库存的公司都会面临市场不利波动的风险。做市商并不期望在每笔交易中都赚钱，但它们希望有一个可持续的投资计划在长期实现盈利。因为市场是波动的，做市商必须在不利市场波动的成本与短期利润的机会

第七章 高频游戏
Chapter 7　The Game of High Frequency

中找到平衡。

新一代的利基做市商即高频交易者已经在"大数定律"的基础上玩这个游戏。它们试图在一笔笔交易中赚取微薄利润，以弥补解除风险的成本。它们并不像传统做市商一样冒集中的风险，但它们有一套系统的方法为几千只证券持续地提供买卖请求。通过市场投资组合的视角，它们可以优化解除风险和对冲不利波动成本的过程。

高频交易公司的目标是从市场流动性的浮动中取得利润。它们将研究专注于理解影响价差的因素。为什么早上的价差比中午要小？收益信息发布的当天早上价差会如何变化？期货市场的大型波动会有什么影响？如果相关证券价格突增会怎么样？不是因为它们还没有成功，才没有人听说过这些公司。据报道，2008 年 Getco 的收入达到了几亿美元——在那些普通投资公司几乎都破产的经济环境下。直到最近才有人听说高频交易，是因为它们作为匿名的中间人一直在悄悄地赚钱。

但是，经济危机以后，高频交易已成为新闻头条。在一期《经济学人》（*Economist*）中，机器的崛起引起了华尔街投资者和监管机构的担忧，它声称，高频交易者的成功是以欺骗其他投资者为代价的。[5] 对速度的需求使监管机构对了解谁是最活跃的投资者产生了兴趣。

掠夺者、投机者还是投资者

金融界现在才开始弄明白这种新的交易模式。高频交易是一种投机形式，还是一种创新的投资策略？它在创造波动性还是稳定市场？高频交易公司已经打开了有关短期投资者待遇这个长期辩论的最新篇章，认为他们是投机者，直到证明不是这样。

试单

争议的核心在于高频交易公司使用的战术。它们带给市场的流动性也许对长期投资者并不有利。其中一种战术叫作"试单"——高频公司在毫秒之内提交指令然后又取消。

试单是一种用于吸引另一个投资者交易的策略。指令提交到电子通信网络，如果它们在60~80毫秒的时间限制内未完成，则被取消。高频公司就试图向被动等待特定目标价格的投资者征求隐藏的流动性。如果它们的急速指令立即被填补，那么高频交易者已经了解到其他人愿意交易的关键价格水平这类重要信息。

研究估计，30%的电子通信网络指令在放置之后的一秒钟内被取消。在特殊情况下，对于美国市场的每一笔交易，都有几十万个指令提交到电子通信网络中不同的地点。高频公司被认为是这种噪声的根源。

批评者声称，高频算法试图从市场中提取信息的同时，也在诱导投资者以他们原本不会给出的价格进行交易。虽然这是一个合理的理论视角，但高频交易的支持者会用"一个巴掌拍不响"来反驳。

掠夺者算法

试单只是高频公司使用的一种富有争议的战术。传统投资者普

第七章 高频游戏
Chapter 7　The Game of High Frequency

遍抱怨的是,这些算法已经带有"掠夺者"的性质。他们设计高频算法来影响其他投资者的交易方式。

掠夺者算法试图"忽悠"其他投资者来跟踪市场。一个高频算法的基本方法是重复不断地改进主流最佳的买方(或卖方)报价,以期望其他投资者会跟随。这些算法以最佳买价发出指令,如果更多股票加入这个队列,他们随后就以次最佳买价发出第二个指令,希望更多股票加入。他们就这么有效地将买价提到更高的价格区间,而无需进行任何一笔交易。

批评者声称,这种掠夺的方法奏效,是由于整个金融行业的自动化水平提升。其他的由银行用来执行客户指令的算法必须要在NBBO的范围内交易。因此,如果最佳买方报价提升,算法就必须随之改变,提高市场上的买方报价,不管是否存在更好价格的交易。[6]

人们相信,掠夺者正在掠夺市场中容易受到操纵的其他算法流。当然,没有证据表明掠夺性算法会影响市场。价格变动总是由长期投资者或市场反弹开始引起。投资者承认这些策略完全合法。但批评者会声称高频交易者应该因他们不光彩的行为被标记出来。

回扣结构

高频领域最重要的争议是这些公司因为交易而获得报酬。它们不仅可以在买价和卖价之间获得价差,而且还可以获得流动性场所支付的费用。高频交易增长的最主要原因是电子通信网络为了吸引投资者而使用的"回扣结构"。

虽然电子通信网络有好几种支付模型,最常见的是一种"信用回扣结构"。为市场提供流动性的公司可以由此获得四分之一的奖励。在信用回扣结构中,电子通信网络向"流动性提供者"支付信用,同时向"流动性需求者"收取费用。它们的回扣费从每股 0.002 美元到 0.0027 美元不等;一小笔费用可累积成高营业额水平。

流动性提供者是指令在电子通信网络的指令簿中被选中(或提升)的公司。公司将买卖指令放入队列,等待流动性需求者以其价格水平交易。流动性需求者是指通过选中买价(卖家选择主流的买方报价)或提升卖价(买家选择主流的卖方报价),有效地将指令从指令簿中移除的公司。电子通信网络的信用回扣结构设计来吸引流动性提供者将指令放入其指令簿,且从需要这种流动性的投资者中赚钱。

从理论上看,回扣结构事实上缩小了买卖价差,因为它允许投资者在下达指令时更加大胆。从实际的角度,批评者认为这改变了投资的竞争环境,使其成为对以技术为中心的公司有利的游戏。

第一家将指令放入电子通信网络队列的公司因为给市场注入流动性而得到回报。只有拥有最先进技术的公司才能保持同行的优先权。高频公司的发展清楚地表明了一点:传统的资产管理者正处于跟上市场速度的艰难时期。

流动性竞争

高频交易最大的支持者是那些相信成本降低对所有投资者都更

第七章 高频游戏
Chapter 7　The Game of High Frequency

有利的人。正如巴黎证券交易所的证据所强调的那样,价差缩小会通过吸引多元化的投资策略来改善流动性,从而促进市场更加高效。很少有投资者可以质疑,从另类交易系统到全国市场系统的监管改革让美国市场竞争更激烈,并导致价差达到历史低点,可以说是交易成本最具影响力的因素。

高频交易是在市场改革、技术创新和投资者日渐复杂的基础上发展起来的新行业。2005年,全国市场系统规则发生改变,该行业在实施最佳执行标准之后得以加速发展。随后,电子通信网络而非美国交易所的交易量快速增长(见图7.1)。

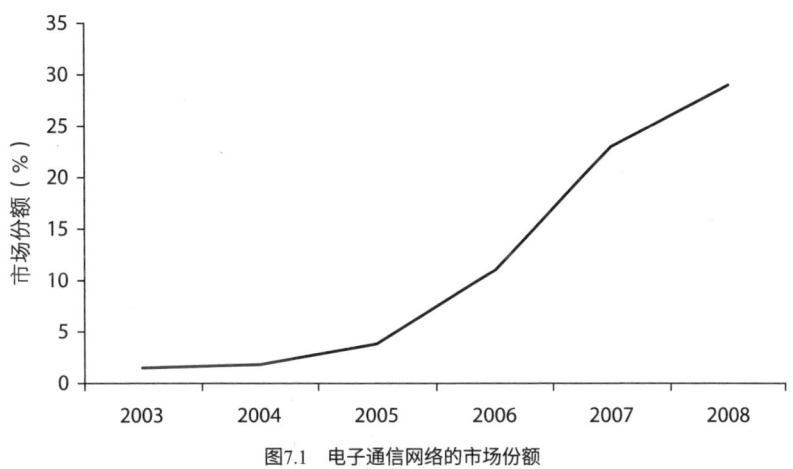

图7.1　电子通信网络的市场份额

自从互联网泡沫结束以来,美国市场已经观察到平均价差从30个基点降到不足8个基点。高频交易者并不是给价差带来下行压力的唯一投资公司,但它们在经济形势恶化的环境下一直在尽力保持低价差。在近期的市场改革中,投资界有理由担心。自从全国市场

跟踪信号： 黑盒交易如何影响从华尔街到上海的股市
Chasing the Same Signals: How Black-Box Trading Influences Stock Markets from Wall Street to Shanghai

系统规则被引进，纽约证券交易所专业人士交易的市场份额占交易所总交易额的比重从80%下降到了25%。2009年初，纽交所内的交易员已不足1200人，低于五年前的3000人。

高频公司是改变传统投资业务经济情况的主要驱动力，它们同时也蚕食着传统投资专业人士的角色。但是，不管这些高频交易者如何提出不同的批评，大多数投资者都认可一个共同的观点：竞争市场符合每个人的利益。竞争已经超越了跟踪相同信号的不同投资者。它超越了整个行业，影响到市场参与者的整条食物链。黑盒公司导致了金融市场历史上最大的竞争之一：流动性竞争。

过去十年内，电子通信网络的普及是市场改革的直接结果，改革使它们与证券交易所的竞争更加公平。电子通信网络的出现催生了各种新型的投资策略，从统计套利到高频交易。不过，在电子通信网络引进后将近十年，它们才为自身流动性引入一个竞争者——"黑池"。

这些叫作黑池的交易平台是出现在全球市场上的最新技术创新。黑池是一个匿名的交叉网络，允许机构对市场隐藏它们的指令。黑池吸引那些希望转移大量股票，同时几乎不向金融界传播信息的机构投资者。黑池已经存在了几年。它们最初是从电子通信网络衍生出的一个平台，以应对2002年的监管改革。利贯交易网（Liquidnet）、POSIT 和 Pipeline Trading Services 是业内最早的黑池，每一家都提供交叉逻辑的差异化执行方案来吸引投资者。

由于经济环境恶化，2008年黑池的经济激励开始增长。投资者开始远离电子通信网络进行交易，因为他们可以在黑池中交叉指令

第七章　高频游戏
Chapter 7　The Game of High Frequency

时降低成本。随着股市大幅下跌，大多数金融公司都在亏损。特别是投资银行，它们通过执行客户订单赚取的佣金收入也在大幅减少。曾经微不足道的结算费用现在也是一大笔钱。

当投资银行在黑池中执行指令，而不是在电子通信网络或证券交易所时，结算成本降低。在电子通信网络上结算和清算，投资银行支付高达 0.40 到 0.60 个基点的费用，在证券交易所支付更多。黑池为投资银行提供了"内化"其流量的能力；也就是说，当它们的同一只股票有买家和卖家时，在内部交叉客户指令。越过市场可以节省两个客户指令的结算成本。通过内化哪怕一小部分的客户指令，经纪商都可以节省大量的成本。高盛的 Sigma-X 平台在 2008 年交叉了内部客户流量的 1.47%。[7] 这只占客户总营业额的一小部分，但相当于每年节省了数百万美元的成本。

随着市场中有越来越多的高频交易者，黑池开始提供具有吸引力的成本优势。当佣金很高且价差为 30 个基点时，投资银行几乎不关心结算成本的基点。该行业的经济形势已逐渐演变为从食物链中挤出更多的摩擦成本。黑盒公司从某种程度上提高了行业对摩擦效应的重视程度。这一新的重点在整个行业中产生了强大的影响力。尤其是投资银行已经开始向它们最大的供应商——证券交易所施压。多年来，投资银行一直在游说证券交易所简化其收费结构。但在电子通信网络形成之前，证券交易所之间几乎没什么竞争。当它们开始失去电子通信网络和黑池的市场份额，证券交易所就开始听取投诉。

欧洲市场曾经受垄断统治的时间最长。[8] 当 2007 年 11 月欧盟推

跟踪信号：黑盒交易如何影响从华尔街到上海的股市
Chasing the Same Signals: How Black-Box Trading Influences Stock Markets from Wall Street to Shanghai

出《金融工具市场指令》（MiFID）时，这些改革使英国市场与美国标准保持一致，并引发了欧洲各交易所之间的竞争。MiFID 在欧洲推行一年后，Instinet 的电子商务网络 Chi-X 就获得了富时 100 总交易量的 15.7%。欧洲对另类执行地点的需求十分巨大。好几个地方，如 Turquoise、BATS Trading Inc. 等早期入场者都加入了这一行列。电子通信网络在欧洲的普及尽管由多种因素驱动，但主要受到成本压力和流动性竞争需要的影响。伦敦证券交易所、德国证券交易所以及瑞士证券交易所都在 2008 年宣布费用结构改革。

经济学家和投资者将讨论他们对高频交易公司的影响的担忧。高频交易公司是掠夺者还是创新者将成为未来几年学术界白皮书的主题。尽管存在各种质疑，高频交易者显然是行业内交易成本的最大蚕食者。行业的趋势也表明，投资者最少听说的可能是声音最响亮的。2009 年 3 月《华尔街日报》的一篇文章中，纽约证券交易所宣布将开始向所有积极发送指令到"大黑板"（Big Board）的投资者支付回扣。[9] 这家拥有 216 年历史的交易所因为保护主义而声名狼藉，最终屈服于现代电子市场流动性竞争的现实。

第八章　罗素再平衡
为什么市场收盘并不总是反映经济健康状况

市场收盘价是上市公司最相关的指标之一。CEO 们定期向员工报告股票的收盘价，作为公司进展的最新数据。对个人投资者而言，今天的收盘价相对于昨天的收盘价代表了他们资产净值的变化。对公司而言，收盘价在整个共同基金行业中用于评估基金；它也被大企业集团用来评估其持股情况。我们对净值和经济健康状况的解释在很大程度上受到我们主要的全球市场上收盘价的影响。在有关键经济报告的日子里，如美国联邦储备银行发布国内生产总值的季度公告时，对市场收盘价的重视尤其明显。投资者如何解读一条关键的经济信息，影响着我们对主流经济状况的看法，市场收盘价帮助我们区分好消息和坏消息。在失业数据公布后，如果市场收盘价增长，我们认为投资者的情绪有所改善。

在大多数全球市场上，市场收盘是一天中最繁忙的时候。在一个平均的交易日，交易时段的最后几分钟可以占据当天交易活动的

5%~10%。即使流动性已经非常充足，早上就完成了指令，机构投资者还是会将交易推迟到市场收盘，参与当天最活跃的时期。这反映了市场收盘价的重要性。一年中的特定日子，市场收盘时的活跃度更加突出。平均一天的交易量会在交易时段的收盘时间完成。这些日子被称为"特殊交易日"，其成交量异常大。

在全球股票市场的平均交易日，由于投资者的自然流动，市值的5%~7%一般会换手。长期投资者会再平衡他们的权重，买入新的股票，并减少持有的其他股票头寸；养老基金会有新的投资者，或有赎回需要再校准；对冲基金会投机于特定的机会；散户可能会买入蓝筹股。公开买卖的股票有几个百分点的自由浮动是正常的交易活动水平。

在特殊的交易日，有20%的市值用于交易特定的股票，这种交易活动很大一部分是在临近市场收盘时发生的。特殊交易日并不是由经济信息的发布驱动的，而是由特定的市场事件导致的，这些事件强调了部分特定的投资者对流动性的需要。

在美国市场，最常见的一种交易日被称为"三巫日"，即指数期货、指数期权和股票期权同时到期的日子。这种情形一年内发生四次，分别是3月、6月、9月和12月的第三个星期五。这时候成交量很大，因为衍生品交易者将其头寸从一个合约滚动到下一个合约。

在日本，股票期权的到期日是每月月底，称为"特殊报价日"。在这些日子里，成交量和股市波动都很大。价格波动是平时的两倍，这是由衍生品圈子对流动性的需求而导致的预期结果。

从全球看，节假日也是特殊的交易日，因为它们会影响交易活

第八章 罗素再平衡
Chapter 8　The Russell Rebalance

动。印度国家证券交易所是全世界唯一一个在1月1日开放的市场。解读印度蓝筹股在新年的市场收盘情况可能需要一个脚注来解释没有外国人参与交易。

黑盒公司对理解全球特殊交易日在地方的微小区别方面特别敏感。交易量异常的活动会对其模型的校准产生不利影响。它们大部分的量化研究都致力于了解这些当地市场事件发生前后的交易量分布。

没有比每年6月最后一个星期五,即"罗素再平衡"当天更重要的特殊交易活动。在美国市场,6月最后一天的收盘价与最大的一群投资者——指数基金经理的关系最为密切。以罗素指数为基准的指数基金对流动性的需求导致了几年来最大的黑盒事件之一。黑盒算法中数十亿的美元都在跟踪相同的信号:收盘价。

罗素重建

美国市场一年中最活跃的交易日无一例外地发生在6月最后一周,那时罗素投资集团(Russell Investment Group)对其指数进行再平衡,这个每年一度的事件叫作"罗素重建"或"罗素再平衡"。在它们重组期间,纳斯达克闭市前最后一分钟换手的股票数量比整个拉美市场平均一个月的总和还要多。

指数重建是一个广受期待的日子,以罗素指数为基准的资产管理者们试图重新配置他们的投资组合,以匹配罗素投资集团公告的新的资产构成。跟踪指数的资产管理者必须买进新加入指数的股

跟踪信号：黑盒交易如何影响从华尔街到上海的股市
Chasing the Same Signals: How Black-Box Trading Influences Stock Markets from Wall Street to Shanghai

票，卖出被剔除的股票。在再平衡的过程中，包含和剔除的目标股票将会经历交易量迅速增加，经常是它们好几天平均交易量的数倍。

指数基金已经存在了 30 年。1975 年，先锋集团的约翰·鲍格尔（John Bogle）与旗舰第一指数投资信托（First Index Investment Trust）开创了这一资产类别，该基金的目标是与标普 500 指数的表现相匹配。该基金后来更名为先锋 500 指数基金（Vanguard 500 Index Fund），并于 1999 年 11 月跨越了 1000 亿美元的里程碑。自 20 世纪 70 年代成立以来，指数基金凭借其低成本和直接的投资策略，在散户投资者中取得了巨大的成功。指数基金的优点很好理解：指数基金提供广泛市场指数的回报率，而无需支付同等共同基金的较高的管理费用。

过去 10 年中，投资于指数基金的资产大幅增长。投资者可以从各种广泛的市场指数中选择，例如标普 500 指数、纳斯达克 100 指数和道琼斯工业平均指数。截至 2008 年，有 4.4 万亿美元的资产投资于指数基金。更精细的指数产品可通过交易所交易基金（ETF）获取，ETF 跟踪特定的行业和子行业。[1]

巴克莱全球投资者（BGI）凭借其 ETF 品牌"安硕"（iShare）已经发展成为最大的资产管理公司。随后，道富环球投资管理公司（State Street Global Advisors）成立了"蜘蛛"（S&P Spiders），跟踪标普指数中的 9 个子行业。到 2008 年，仅美国就有 680 只 ETF，管理 6100 亿美元资产，每一个可以想象的行业或地区都被囊括其中：医疗、能源、水、制造业等。

第八章 罗素再平衡
Chapter 8　The Russell Rebalance

虽然建立指数基金有多种不同的方式，基本的做法都是"被动"跟踪策略。使用被动方法，指数基金只是买入指数中所有与实际指数权重一致的股票。被动的标普 500 指数基金会按照指数的实际权重持有所有 500 只标的股票。投资者因此得到与标普 500 同样的市场收益率，并扣除指数基金的管理费。

在指数权重发生变化的事件（如罗素重建）过程中，指数基金必须重新平衡其持有量，以反映新的权重。对指数基金经理而言，不幸的是，他们在其他同样需要再校准的指数基金之间遇到大量的竞争。每一只指数基金都想在同一时间，即市场收盘的时候交易。

跟踪风险的影响

由于指数基金的投资目标是跟踪指数，任何偏离真实指数的现象都意味着业绩不佳。指数表现与基金表现之间的差异被称为"跟踪误差"，而在传统指数基金的情况下，它是验证指数基金经理质量的最相关指标。指数基金试图保持在指数的窄幅区间内，例如一年内的 0.50% 区间。较大的跟踪误差将阻止这些基金的投资者投资。

罗素再平衡发生在每年 6 月最后一个交易日，对指数经理跟踪风险构成最重要的影响。它需要买入新包含的股票并恰好以市场收盘价出售被剔除的股票。收盘价是经理人的基准，因为罗素投资集团应用收盘价来得出其指数的价值。任何偏离收盘价的情况都将侵蚀其基金的年度业绩。

跟踪信号：黑盒交易如何影响从华尔街到上海的股市
Chasing the Same Signals: How Black-Box Trading Influences Stock Markets from Wall Street to Shanghai

罗素再平衡的困境在于，没有足够的流动性来准确地在市场收盘时进行交易。鉴于跟踪相同指数的资产数量，对流动性的需求异常大。对流动性的需求通常比要包含和剔除的目标标的股票的正常交易活动还要重要。指数基金可以通过在早于市场收盘的时候交易来抵消这种风险，但是当它偏离收盘价时，会表现不佳。尤其是罗素2000指数基金，其在罗素重建过程中的流动性需求最为突出。罗素2000指数是美国市场上最广泛认可的小市值股票指数。它包含罗素3000指数持有的最小的2000只股票，占美国股票市值的7%。

罗素2000指数所包含公司的平均市值不足10亿美元，大多数股票的市值在几亿美元的范围内。对流动性的需求在小型股票的尾部十分突出。罗素再平衡是指数基金经理之间的竞争，他们要求相同股票的流动性，而这些股票是指数包含和剔除的目标。[2] 所有罗素2000指数跟踪者的总需求是巨大的。2006年，据估计，620亿美元资产在跟踪罗素2000指数。如果一只作为包含目标的小型股票要在罗素2000指数中占据0.1%的权重，指数跟踪基金要求的流动性就有6200万美元。即使这只股票的市值达到10亿美元，指数基金也要求几天的每日平均交易量；它们都想在市场收盘时交易。对流动性的需求导致罗素再平衡期间美国市场收盘时的交易量大幅扩展。在美国市场平时的交易日里，每天股票交易量的5%~10%发生在收盘前最后5分钟；在罗素再平衡当天，市场收盘时的股票交易量达到30%~50%（见图8.1）。

指数基金经理通过与投资银行进行担保风险交易来抵消执行风

第八章 罗素再平衡
Chapter 8　The Russell Rebalance

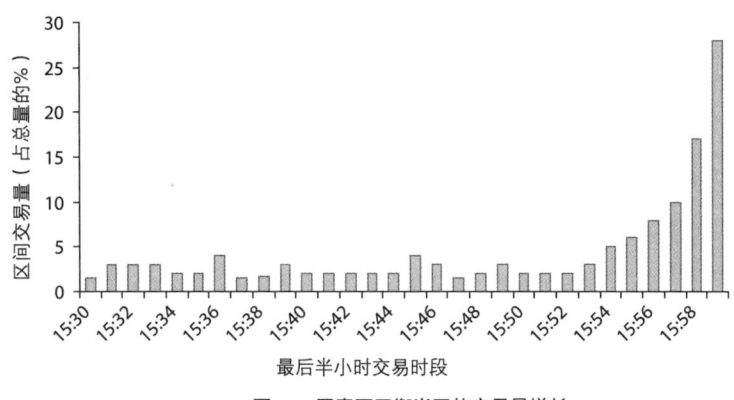

图8.1　罗素再平衡当天的交易量增长

险。对于固定佣金，指数基金锁定收盘价，投资银行的黑盒策略将管理流动性竞争。

担保交易

指数基金通过主要交易将再平衡日的执行风险外包给投资银行。投资银行为指数基金经理提供其投资组合的担保收盘价格，以换取佣金。对于投资银行而言，这是一个有利可图的机会，因为从单一指数基金获得的佣金可能高达数百万美元。

投资银行在提供主要交易时承担风险。银行在交易中获得佣金，但由于它保证客户达成预先约定的价格，因此会受到市场波动的影响。在解除市场中的头寸时，银行通常会赔钱。保证价格与执行价格之间的差异是它们的滑点。如果投资银行获得 25 个基点的佣金，但相对于收盘基准损失 15 个基点，那么它保留了 10 个基点。在一笔价值数亿美元的交易中，它将剩下 100 万美元的

跟踪信号：黑盒交易如何影响从华尔街到上海的股市
Chasing the Same Signals: How Black-Box Trading Influences Stock Markets from Wall Street to Shanghai

收入。

主要交易（或风险交易）对指数管理者而言很有价值。投资银行通过允许基金在单笔交易中解除大额头寸，为其提供流动性。指数基金支付佣金以获得保证价格，并将执行风险外包给投资银行。

担保收盘价格是指数基金在罗素再平衡日使用的预先约定价格。它们希望锁定市场收盘价，以获得固定佣金，最大限度地降低跟踪风险。这些交易通常在罗素再平衡日之前的几天进行谈判。

担保交易的独特动机是投资银行对市场方向不可知。无论股票价格上涨10%还是下跌10%，投资银行都能赚钱。它们的目标是尽量减少实际市场收盘价的滑点。它们的命运取决于它们在罗素的成分股变化中准确预测交易量的能力。

担保收盘交易是一种风险交易，因为价格波动过大。在再平衡期间，价格异常波动很常见，投资银行可以从基准收盘价中观察到两位数的滑点。它们可能赚得几百万美元的佣金收入，但在解除头寸时损失10倍的金额。

罗素再平衡是一种风险非常大的交易，因为交易的股票数量异常大。投资银行会尽力基于已知的传统（或被动）指数基金规模来估计流动性需求。由于传统指数基金通常持有与实际指数权重一致的所有指数成分，投资银行将以此开始，作为参考。在收盘前几分钟，投资银行会构建一个期望交易量分布的模型。由于对股票的需求太大，投资者会留在市场，直到收盘前最后几分钟，投资银行会估计交易在收盘前（如15分钟）的影响，在收盘时将指令加入市场。它们为这件事特别重新校准黑盒执行策略。从量化投资者的角度来看，

第八章 罗素再平衡
Chapter 8　The Russell Rebalance

罗素再平衡是数值优化的最佳实际应用。由于有数百只股票即将被纳入或剔除出罗素 2000 指数，罗素再平衡也以其特有的方式展示了投资组合的优化。银行的目标是尽量减少整个投资组合的滑点，而不仅仅是每只特定股票的滑点，因此它们使用预先对冲策略的组合来模拟相关证券之间的关系。

"罗素交易"是投资银行之间极具竞争力的交易，其原因之一是规模问题。如果一家银行拥有更大的市场份额，那么它就有更大的机会减少滑点。规模有双重优势：抵消客户指令的可能性更大，以便它们能够以确切的基准价格离开市场；如果它们占市场营业额的较大份额，则可以降低滑点。投资银行将为其再平衡交易游说指数基金。拥有美国业务的大型投资银行摩根士丹利、德意志银行、瑞银和高盛可能在罗素再平衡期间各自获得超过 100 亿美元的投资组合指令。

黑盒算法是幕后工作的引擎，用于优化和解除仓位，数十亿美元都在跟踪市场收盘价。

罗素效应

经济学家研究并报告了由于罗素重建中的流动性竞争而产生的价格差异。学术研究发现，加入罗素指数的股票在公布其纳入后有一个正面的价格波动，然后在重新平衡后的几天内出现逆转。对于从指数中剔除的股票，情况则正好相反。罗素投资集团的一项研究显示，罗素 2000 指数中新加入的股票从公告日到再平衡日之间平均获得 1.46% 的超额收益，然后平均反转 0.83%。这些价格影响的特征模式被称为"罗素效应"（见图 8.2）。

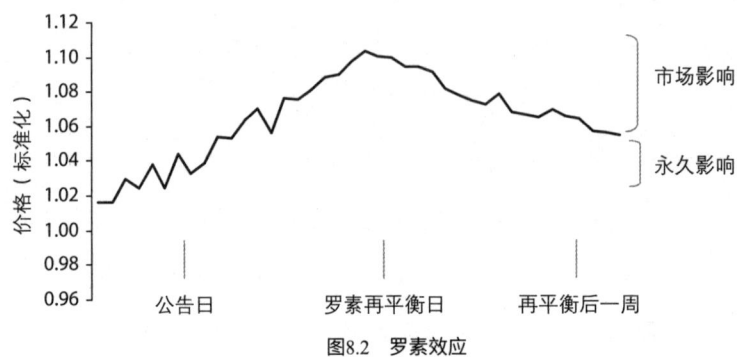

图8.2　罗素效应

在辩论中，罗素效应被部分归因于指数成员效应，这些效应提升了指数中包含的股票的知名度。[3]这些公司在被纳入指数之前是不受关注的，但当它们加入指数后，通常会观察到四到五位写作分析师在报道它们。临时价格的影响被假定为指数基金之间竞争市场流动性的供需影响。在任何一种情况下，价格波动都为投机者创造了动量和反转交易机会，这就是为什么每年罗素交易备受期待的原因。

罗素再平衡的鼎盛时期是 20 世纪 90 年代，也就是指数跟踪基金刚开始崭露头角的时候。在那个时候，顶级投资银行的主要风险交易收入为 2000 万至 3000 万美元。当时，参与罗素指数的还只是一小群著名的指数基金，这使得预测供需的过程更加直接。但随着时间的推移，参与者开始发生变化。指数基金自身开始多样化。指数基金的早期开拓者主要是在主要指数中普遍实施被动管理。后来，指数基金采用了更加活跃的风格，例如改进指数和合成指数。这些

第八章 罗素再平衡
Chapter 8　The Russell Rebalance

风格的指数基金参与市场时机和调整再平衡策略，以略微改善指数表现。它们并不局限于使所有指数成分与指数权重精确对齐。

对冲基金经理也认识到了罗素效应。一项对冲基金策略是在罗素投资集团出公告之前对其包含的股票进行推测。成功选择了新包含或剔除的股票的对冲基金可以在公告日之前买入股票，并在再平衡期间解除头寸。对冲基金经理近年来一直是大型投机者。

在价格异常的衰退中，市场观察到了不同投资策略之间相互作用的影响。经济学家们指出，从 2000 年开始，罗素效应逐年减小。[4] 罗素 2000 指数新包含的股票曾经观察到从公告日到再平衡日之间 12.7% 的超额价格回报；到 2007 年，新包含股票的超额收益几乎消失了（见图 8.3）。

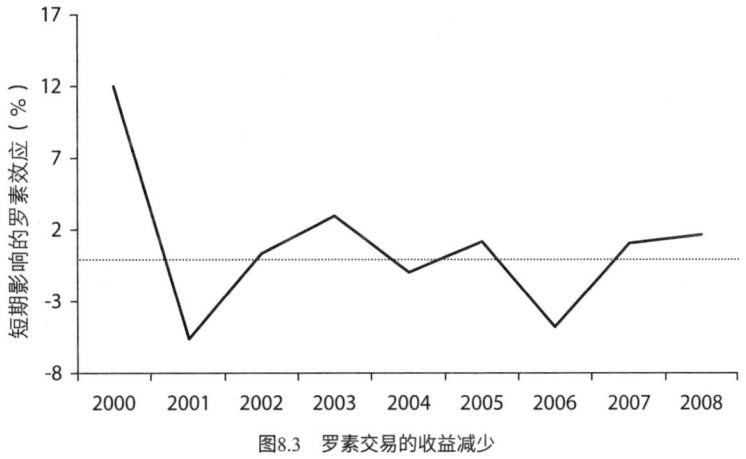

图8.3　罗素交易的收益减少

20 世纪 90 年代，罗素交易对投资银行而言还是非常有利可图的商业机会。顶级的银行一天就可以赚 2000 万到 3000 万美元。随后，

跟踪信号：黑盒交易如何影响从华尔街到上海的股市
Chasing the Same Signals: How Black-Box Trading Influences Stock Markets from Wall Street to Shanghai

不同投资策略之间的竞争吞噬了罗素交易的利润。随着竞争加剧，市场也更加高效。

收盘价

黑盒交易从未像在特殊交易日如罗素再平衡日那样突出。在算法竞争流动性时，它们可能在美国市场收盘前最后的时刻决定当天 100% 的交易活动。特殊交易日并非仅限于美国市场或指数再平衡事件。在 MSCI Barra 公司管理的 MSCI 世界指数一年两次的再平衡期间，全球市场经历相似的流动性竞争。MSCI 再平衡发生在每年 7 月和 11 月，并给从德国到圣保罗的全球市场带来连锁效应。

指数跟踪基金的重要性已经发展为一个全球主题。任何主要行业基准的变化，无论是恒生指数还是澳大利亚的综合普通股指数都会引发类似的流动性竞争。投资者已经开始接受股票价格异常的周期性干扰。

市场收盘是关于公司健康状况最相关的指标之一，但收盘也最容易受到供需失衡的影响。市场收盘价短期内可能会偏离投资界的情绪。在罗素再平衡期间，传统的共同基金可能只占特定股票数量的 10%，尽管它位列前 10 大持有者。

虽然市场收盘价在整个行业中具有重要意义，对规定收盘价计算方式的机制却几乎没有统一。一些市场使用收盘竞价来最小化波动；其他市场则使用交易期间最后一笔市场交易；剩下的市场使用

第八章　罗素再平衡
Chapter 8　The Russell Rebalance

最后几分钟的平均价格。有关交易所如何决定收盘价的市场机制的多样化实际上并不令人意外。经济学家和市场监管机构很少有评估最佳结构的参考，以最大限度地降低价格波动。[5] 无论是否有竞价，价格剧烈波动在所有全球市场都很常见。

过度波动是一个日益严重的问题。一些区域市场引入了向上和向下的价格障碍，例如用 7% 的上限限制暂停当天的交易。虽然价格限制很直观，但它们并不能解决供需不平衡的问题。在特殊交易日，市场收盘较少透露有关我们经济健康状况的信息，而更多的是关于投资者的人口统计数据。

第九章　市场生态
那些买入并持有的投资者到底经历了什么

"生态"是一个生物学术语，放在金融市场的语境下，它描述的是投资者与其所处环境的关系。这个类比十分恰当，因为正如生态学家研究各类物种对生态系统的影响一样，经济学家研究投资策略对市场的影响。生物学的系统与金融市场有许多相通之处。当18世纪欧洲人将兔子带到澳大利亚时，当地的生态系统遭受了毁灭性的破坏，大量果园消失，大批植物物种灭绝。类似地，当2005年澳大利亚股票交易所（ASX）停止将实时市场股票信息散布给成员公司时，地方经纪商如麦格里银行（Macquarie Bank）等由于失去了相对外国投资者的信息优势，市场份额大幅减少。市场结构中任何一点微妙的变化都能给所有市场参与者带来深远的影响。

经济学家们相信，如果市场参与者之间达不到均衡，金融市场将长期停留在不稳定的状态。在一个生态系统中，若一个物种太过

第九章 市场生态
Chapter 9　The Ecology of the Marketplace

丰富，食物供给将会短缺。类似地，在金融市场中，如果太多投资者采取同样的投资策略，利润将被摊薄。不稳定性是投资者竞争利润的副产品。每一项交易策略都会影响市场价格，并反过来影响另一项交易策略。

预言公司的创始人多伊尔·法默（Doyle Farmer）在他的文章《市场力量、生态学和进化》（*Market Force, Ecology, and Evolution*）中，模拟了不同类型投资策略如何对市场产生特定的影响。[1] 他在研究中模拟了价值投资者如何在交易时让市场偏离均衡位置，带来反向自相关（即反转效应）。另一方面，趋势追随者则会通过参与市场运动、进一步增强趋势，带来正向自相关（即动量）。通过互相抵消彼此的影响，价值投资者和趋势追随者的关系可以由此达到市场均衡。

交易策略之间长期的互动效应比它们的短期作用更加复杂。比如，趋势追随者可能会借助最新热门股票增加动量，但他们可能因为跟错了盘而给股市的长期发展带来负向效应。由于相抵触的投资策略间相互影响，股市会经历长期的不平衡状态，涨跌起伏的循环是其副产品。

投资策略间的互动对市场稳定性会产生负面影响。约翰·坎贝尔（John Campbell）和罗伯特·希勒（Robert Shiller）是最早模拟这种市场动态的经济学家，他们将此动态称为"过度波动"。历史的市场数据表明，尽管长期来看价格追随价值，然而价格大幅偏离价值不仅不是例外，反而正是规律。也就是说，股票的基本估值和股价并不保持一致（见图9.1）。

跟踪信号：黑盒交易如何影响从华尔街到上海的股市
Chasing the Same Signals: How Black-Box Trading Influences Stock Markets from Wall Street to Shanghai

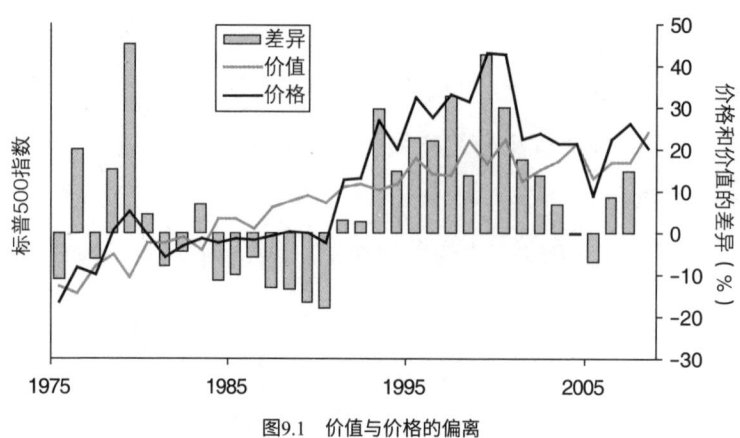

图9.1 价值与价格的偏离

均衡的概念虽然是经济学的中心，但研究起来十分困难，因为市场生态永远都在变化。不同的策略产生，繁荣，然后消失；很少有可得的指标可以跟踪一个特定策略，研究它对市场价格动态贡献的影响。经济学家很少有指标来推测趋势追随者或价值投资者是否在特定时刻主导市场。

黑盒策略的扩张已经成为对市场均衡最深远的影响之一。出于各种原因，黑盒公司已经成为市场上最主要的流动性来源之一。金融市场生态这种演变的催化剂与黑盒交易成功的关系不大，而与买入并持有投资者的经济状况有关。技术进步、法规变化和佣金压力都在最大的投资者群体（即推行买入并持有策略的投资者）的转移中发挥了作用。

现金业务

互联网泡沫破灭之后，华尔街流传着一个笑话，用以描述那些

第九章 市场生态
Chapter 9　The Ecology of the Marketplace

曾经加入互联网初创公司的工商管理学硕士回归的事："他们都在寻找 B2B 的机会——回到银行业。"只有一个行业准不会有错，不管经济状况如何，它都可以提供丰厚的奖金——就是投行业。即使在经济衰退时期，机构客户和公司也需要如何抵御金融动荡以及了解什么是最佳投资策略的建议。投资银行的销售和交易部门是薪水最丰厚且持久的部门之一，因为客户在所有经济周期中都持续交易。在熊市环境中，指令流向其最有价值的投行集中的程度更加明显。由于支付给咨询服务的佣金更少，客户更愿意将他们的业务与他们最重视的银行合并，而不是分散在小公司的长尾中。在整个经济的起伏历史中，现金业务一直是一项有利可图的业务。

现金业务这个名字是给投资银行中的客户交易业务使用的。它包含所有客户股权交易（也叫作二级市场交易）产生的佣金收入。"现金"这个术语的产生是因为股市交易一般通过从客户到经纪托管人之间的现金转账来实现结算，不同于期货、掉期或期权交易，后者通过客户的保证金账户结算。更实际地说，现金业务包含了二级业务涵盖的所有方面，如股权研究、销售交易、一般和专业销售以及交易执行。

现金柜台通常受益于机构客户的大量指令流，因为他们依赖投资银行提供一系列服务。资产管理人支付的交易执行佣金包含了对投资银行提供的所有服务的支付——股权研究、企业准入、销售覆盖和交易。佣金被视为对销售和交易专业人员所提供的服务的奖励。

当一位投资组合经理收到经纪人的服务，如研究出版物或投资者会议邀请时，他用执行投资组合产生的佣金来为这些服务付费。投资组合经理将佣金支付给他在研究或销售范围方面最重视的经纪人。经纪人所提供的服务的广度和深度取决于客户佣金收入：大客户将获得全方位的服务。[2] 在华尔街的交易大厅里，没有什么能比佣金收入获得更多的超额认购。如果客户下指令购买 1000 万美元英国石油公司的股票，那么客户报道团队就会不断游说，以获取佣金收入作为认可：一位资深研究分析师将很快地强调他最近发布的一份有关石油行业的报告以及他比行业其他人更早发现的关键主题；客户的销售报道会提及最近一次与高级投资组合经理共进晚餐的经历，并突出他们多年来与客户建立的密切关系；管理指令执行的现金交易者将讲述他在过去一个月内如何成功地把握市场时机，从而改善其客户交易流的行业平均值。几千美元的佣金在交易大厅很快就被瓜分完毕。

投资组合经理的支付模型因公司而异，佣金支付不能简单地归因于一项特定的服务。如果一位投资组合经理即将参加一个为期 4 天的中国东部工厂之旅，他可能会由一位经纪人陪同，经纪人为他安排行程，并协调与高管的会议。经纪人可能会扮演看门人的角色，协调客户的酒店预订、交通和晚餐预订。经纪人可能不会直接支付客户的任何费用，但他们十分关注并满足客户的需求，使旅行富有成效。可能一位高级销售代表会陪同客户，进行介绍，并在必要时翻译中文。那么，经纪人要如何获得他们努力的回报呢？他是否希望在未来几周内收到投资组合经理的中国证券指令？在实践中，服务和佣金支付之间很少有直接联系，因为客户将他们的研究和执行

第九章 市场生态

活动分隔开来。对于销售专业人士而言，当他为客户提供了周到的服务而没有收到关联股票或行业的交易时，通常会感到沮丧。但是，出于监管原因和利益冲突，研究和执行服务在共同基金内被高度隔离开来。当一名经纪人陪同一位投资组合经理游览东欧时，经纪人很可能会收到按照波兰股票计算的巴西股票佣金，作为回报。投资组合经理并不指导其公司执行这项任务。

研究服务的情况类似。一个报道索尼爱立信（Sony Ericsson）的电信研究分析师可能会与投资组合经理开两个小时的电话会议，提供有关特定股票未来收益的深入知识，但在那一周、那个月、那个季度绝不会收到该只股票的任何指令。分析师的努力没有被无视，相反，基金经理的支付模式与他的执行业务完全隔离了。基金经理对每日流向经纪人库的交易知之甚少，更谈不上影响。投资组合经理通过内部经纪人审核来奖励经纪人。他们对经纪服务进行投票和排名，这一过程可以使这些经纪人获得适当的投资组合执行奖励。如果投资组合经理发出 10 亿美元投资组合的命令，他可能会在一年内产生几百万美元的佣金——他的内部经纪人审核将对经纪人进行排名，并按照总体排名的一定比例进行支付。排名第一的经纪人可能从顶级的机构客户那里获得数百万美元的佣金。

客户的审核过程必须包含卖方服务的所有不同方面。与石油行业的高质量研究出版物相比，它的审核必须强调在拜访一个国家期间获得公司管理的价值。他们的审核必须区分来自销售交易柜台的即时新闻和市场环境的价值，以及围绕公司收益公告的著名研究分析师的可用性。他们的投票必须考虑卖方服务的各个方面，并将在英国石油公司以及类似公司交易中产生的佣金奖励给每个贡献者。他们的经纪人审核过程的可持续性相应地取决于行业的基本经济状况。如果支付给经纪人的佣金减少,那么卖方服务也将受到影响。销售报道的密集度、中国东部之旅以及投资者会议的邀请函越来越难以为经纪人辩护。

20 世纪 90 年代,在一家投资银行,现金业务占股权部门收入的 80%(见图 9.2)。随后,现金业务模式受到各种经济压力的影响:佣金压力、监管改革、技术发展和行业趋势都在弱化现金业务作为市场流动性最大贡献者的主导地位方面发挥了作用。现金已不再为王,因为佣金不再像过去那样高,也因为对服务的需求只增不减。一个包含了实地考察、投资者会议以及研究出版物的成本结构已经使传统的佣金业务成为在大多数全方位服务投资银行中盈利微薄的业务。

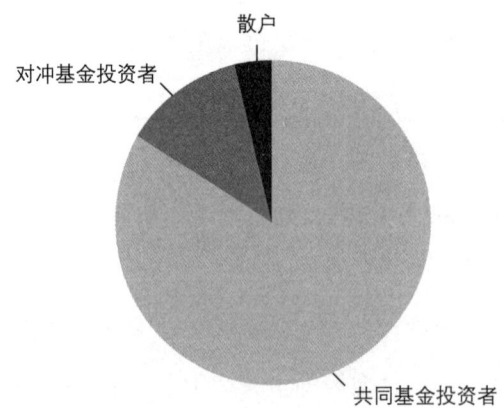

图9.2　20世纪90年代的交易额分布

第九章 市场生态
Chapter 9　The Ecology of the Marketplace

因此，市场的生态已经从一大群买入并持有的投资者演化为多样性的流动性提动者。

指令细分趋势

全球大多数投资银行每年从现金股权交易中收到的佣金超过数十亿美元。仅在美国就有超过1万名投资经理注册，每个人都依赖银行界的研究、销售和交易服务。一家全球性的投资银行可能与2000到3000家资产管理公司有活跃的关系，同时与他们的分析师、合伙人和资产管理经理建立了无数个人联系。

总体而言，投资银行在一整年的过程中，其报道专业人员与其客户群之间可能会有数以万计个人之间的互动。据推测，这些互动中的每一个都有助于赚取佣金。然而，对佣金的核算可能是一个具有挑战性的过程。客户如何支付佣金给他们的服务提供者并不仅限于一种产品。股票交易有三个主要的执行门户。客户可以将单个指令发送到投资银行的现金交易柜台，他们可以向投资组合柜台发送一揽子指令，或者通过银行的电子交易产品进行自助交易。

在电子交易问世之前，整个金融行业主要使用传统电话完成交易。客户可以通过电话向银行的销售交易报道专业人员下达指令。就在十年前，电话（或传真机）在指令下达量中占据的比例还是90%。电子交易平台的成熟和互联网泡沫的破灭可以说是转变客户下达指令方式的两大催化剂。在互联网后衰退的经济压力之下，大多数机构客户会通过采用技术来提高交易柜台的效率。他们将开始

跟踪信号： 黑盒交易如何影响从华尔街到上海的股市
Chasing the Same Signals: How Black-Box Trading Influences Stock Markets from Wall Street to Shanghai

在不同的执行门户（现金、投资组合和电子交易）中分离指令，提高其交易柜台的可扩展性，并改善佣金分配。

指令细分的过程是资产管理者为最合适的执行场所组织指令列表的方式。一个大型的全球资产管理公司可能代表其投资组合经理团队每天执行几百个股票指令。最简单的细分方式就是资产管理者如何将他们的指令组织成为高接触和低接触两类。

大额指令，如1000万美元购买谷歌的指令，将被称为高接触指令，因为其规模可能足以推动市场。因此，高接触指令值得交易者注意并手动执行。相反，低接触指令则被认为足够小，无法代表对流动性的显著需求，并且适用于自动化。这些指令非常适合投资组合交易或电子交易场所。历史上，高接触指令可能占投资银行执行业务的大部分。投资银行全部的佣金业务中，至少有70%~80%来自现金柜台。互联网泡沫之后，资产管理者对低接触场所的使用逐年增加以便改变业务的经济状况。[3]

低接触场所显著地改进了执行过程。投资组合交易允许资产管理者组织具有高度协方差（即相关行业）的指令列表，并将受益于在投资组合交易中集体工作，而不是作为一组单独指令。电子交易产品如vwap算法非常适合小型指令执行的自动化，因此资产管理人员得以将注意力集中在需要流动性的高接触指令上。因此，在过去10年中，高接触指令每年都在减少。到2008年，现金柜台的执行流量百分比将下降到不足总流量的50%（见图9.3）。

客户执行场所人口结构的变化对全方位服务客户交易的成本结构有着深远的影响。结算、清算和基础设施成本随着交易量的大规

第九章 市场生态
Chapter 9 The Ecology of the Marketplace

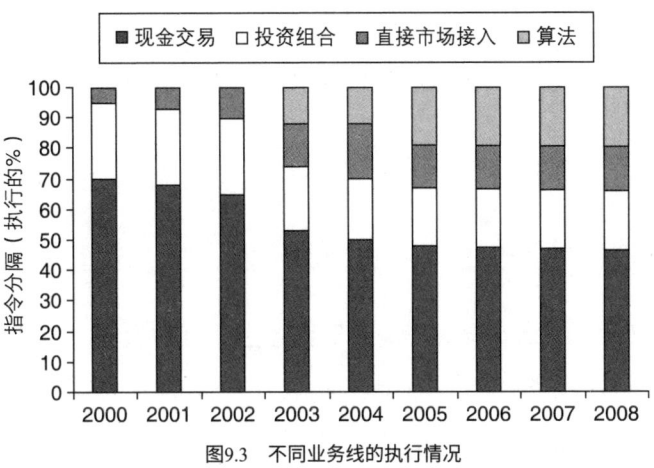

图9.3 不同业务线的执行情况

模扩张而增长；但同时，总收入作为成交量的函数却在下降。实现的混合佣金率（即每个交易量的佣金收入总额）的估计值从30个基点的范围压缩到了12个基点（见图9.4）。虽然顶级投资银行的客户业务仍然是一个数十亿美元的行业，该业务的盈利性却经历了大幅变化。任何一家特定银行的信息优势也是如此。资产管理者对指

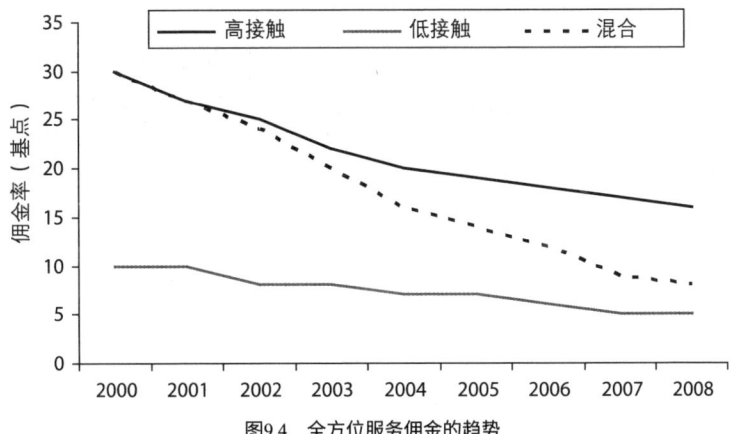

图9.4 全方位服务佣金的趋势

令分隔的采用改变了流动性的性质。与特定投资银行合并的大额指令越来越少。这种影响削弱了投资银行的信息优势，并促进了新型流动性提供者的增长。

最佳执行授权

不仅客户经济状况会影响投资银行指令流的削弱，监管环境也加速了执行的重新分配。有关最佳执行的监管改革对瓦解任何一家公司的执行合并有着巨大的影响。

最佳执行授权是一系列监管改革，它要求资产管理者为其指令执行使用最佳执行场所。在相互竞争的执行场所如电子通信网络和交易所中，最佳执行指导要求资产管理者在发布最佳可得价格的场所执行指令。如果股票在电子通信网络上的价格是 29.5 美元，管理者就无法在纽交所以 30 美元的价格购买它。更广泛地说，最佳执行法规瞄准的是投资银行内部的利益冲突。20 世纪 90 年代晚期，一系列市场违规行为损害了华尔街的投资银行在监管机构眼中的形象；最突出的是，人们认为股权研究偏向银行的而非投资者的利益。

在安然（Enron）和世通公司（WorldCom）倒闭之后，金融监管机构认为这些会计丑闻之所以被延迟曝光，是因为投资银行界不愿意公布他们所报道的公司的负面新闻。虽然银行有责任发布对这些公司的研究，他们也试图从这些公司中赚取投资银行的佣金。在这些丑闻之后，证券交易委员会被授权减少投资银行在宣传让他们有利可图的公司财务授权中的利益冲突。《2002 年萨班斯－奥克斯利法案》

第九章 市场生态
Chapter 9　The Ecology of the Marketplace

（*Sarbanes-Oxley Act 2002*），也叫作《2002 年公众公司会计改革和投资者保护法案》（*Public Company Accounting Reform and Investor Protection Act 2002*）是 2002 年 7 月 30 日颁布的美国联邦法，目的是回应这些使投资者损失数十亿美元的会计丑闻。

该立法为所有美国上市公司的董事会、管理层和公共会计师事务所制定了更高的标准。最重要的是，它旨在通过"政教分离"原则[1]来恢复公众对资本市场的信心。该指导方针缓解了投资银行内部的利益冲突，例如证券分析师的角色是对公司股票和债券提出买入和卖出建议，投资银行家的角色是帮助提供公司贷款或处理并购。在纳斯达克泡沫的高峰时期，分析师的预测有时是 70% 的"买入"评级。对分析师所报道的公司发表的负面报道很少（如果有的话）。安然和世通公司的会计丑闻向投资者强调，分析师的建议并非总是不偏不倚。

萨班斯-奥克斯利法案是确保研究产品独立性的更严格监管环境的第一阶段。它要求投资银行将他们的研究分析师和银行团队分离，限制两者互动或一起推介投资银行业务。该法案实施以后，研究部门与股票交易大厅的联系更加紧密。这只是最佳执行授权

---

[1] 译者注：这里的"政教分离"是一个比喻，包括多层意思：1.会计咨询与审计业务的分离，以保证独立性。SOX-2002法案给出了会计师事务所限制进入的非审计业务名单。2.利益冲突。SOX-2002法案第五章（利益冲突分析），要求避免证券分析师在其研究报告或公开场合向投资者推荐股票时可能存在的利益冲突，以提高研究报告的客观性，向投资者提供更为有用和可靠的信息。其中，在执业的经纪人和交易商内部建立制度架构体系，将证券分析师划分为复核、强制、监察等不同的工作部门，以避免参与投资银行业务的人员存有潜在的偏见。

改变交易佣金收取方式的开始。

分拆研究

即使是将股权研究和投资银行分隔，利益冲突也有增无减。监管机构相信，当基金经理仅根据其研究产品向经纪人（为执行业务）支付佣金时，投资者会受到不利影响。他们认为，当交易没有发送到最佳执行场所时，投资者将无法获得执行活动的最优价格。他们的假定是，具有最佳研究产品的经纪人可能没有最好的执行平台。监管机构担心基金经理会为接近高级研究分析师、参与公司会议、投资者会议或获得公开发行的分配而授予执行流程，造成不良影响。依赖于从交易佣金支付的研究和咨询服务的经纪业务模式存在固有的利益冲突，因为投资者没有获得最佳执行。

英国金融服务管理局（FSA）在解决这种利益冲突中表现最为激进。它的解决办法就是"分拆"，将研究佣金和执行佣金分离开来。FSA 的第一步是 2006 年 7 月 1 日实施的一项对所有受 FSA 监管的资产管理者的授权，要求他们公布对执行和研究的佣金支出。如果一个资产管理者支付 15 个基点让高盛的现金柜台执行，该资产管理者必须披露支付给研究和执行的资金比例，如 8 个基点支付给研究，7 个基点支付给执行。虽然这只是一个微小的跳跃，FSA 还是在引导资产管理者将研究和执行区分开来，作为不同的服务。隔离佣金的额外授权将会成为吸引资产管理者以硬通货支付研究服务的第一阶段。隔离支付模式将有效地消除经纪人仅仅基于其与客户的关系

第九章 市场生态
Chapter 9 The Ecology of the Marketplace

来获得执行指令的能力。

虽然分拆在金融圈内已经讨论多年，2006年7月的法规变动的确在英国投资经理中引起了热议。最初，即使是定义"研究"服务对投资经理都是挑战。基金经理与他们的经纪人进行了广泛的对话和接触；投资经理接收纸质研究报告，与销售专家和行业专家交谈，与分析师和公司管理层直接联系，他们出现在无数的每日电子邮件发行中，他们出席投资者会议，他们经常收到日内市场环境和关键持股的最新消息。一家大型的投资公司可能在全球范围内拥有超过200个经纪人关系，以获取咨询服务。宏观经济研究、行业分析、详细的公司报告、投资者会议、企业会议等可以在经纪行业中占据非常大的位置。在捆绑的佣金结构中，拉丁美洲当地的经纪人历来从定向执行流程中获得报酬。分拆计划或委托共享安排（CSAs）将成为该行业的新范例。

该行业的困境在于对研究产品的估值。一个投资经理如何对孟买的一个投资者会议与一个研究分析师对波兰国内生产总值预测的宏观经济出版物进行比较估值呢？捆绑的佣金结构的传统支付模式多种多样，但它们都包含对经纪服务正式或非正式的排名系统。客户的排名第一的经纪人可能会获得总佣金支出的15%~20%，而排名第3到第5的下一层可能会获得7%~9%，依此类推。协调临时公司会议或提供小资本股票建议的小型本地经纪人尾部可能会得到一次性交易以补偿服务，收入低于客户佣金池的0.5%。

捆绑结构通常是模棱两可的，这对资产经理有利——让经纪人竞争，并为更好的排名去游说。无论赚得的佣金水平如何，排名第一都是诱惑卖方报道团队的巨大好处。然而，分拆会催生行业中的新范例，导致向"单点"支付模式的转移以及针对特定类型服务更明确定义的佣金。

精品店研究

2006年7月的FSA指引只是全方位服务经纪商新型业务模式的起点。2007年1月，美国证券交易委员会采用了类似的指导方针，放宽了第28条第（e）款"安全港"的规定，管理货币经理对佣金的使用。第28条第（e）款的放宽使客户能够向未注册的投资交易商支付第三方款项。美国证券交易委员会的改革为精品研究公司创造了一个公平的竞争环境，通过硬通货支付从基金经理那里赚取佣金。机构资产管理者对独立研究有着强劲的需求，且这种需求还在适度增长。高盛参与投资研究的需求最为激进，并于2007年宣布成立新的风险投资公司哈德逊街服务（Hudson Street Services），这是一个向其机构客户群提供精品店研究的平台。[4]哈德逊街作为中介，为客户提供独立研究提供者的访问权限。

华尔街提供的研究与客户所要求的研究始终存在差距。华尔街大型投资银行的股权研究部门通常专注于大型证券，在这里可以赚取大多数佣金。因此，60%的公共证券没有得到大型公司的积极报道。[5]独立研究公司和投资精品店不断发展，报道那些被华尔街抛弃的股票。

证券交易委员会对安全港指南的放松是独立研究普及的催化剂。在规定改变之前，所有的股权研究必须以交易佣金的形式获得报酬，

第九章　市场生态
Chapter 9　The Ecology of the Marketplace

那些没有注册为经纪人—经销商的独立公司因此被阻挡在外。证券交易委员会的规则改变为精品店研究的发展铺平了道路，为华尔街股权研究部门带来又一层竞争，进一步发展了投资银行内部联合的高接触现金执行与最大的研究部门之间的联系。

分拆运动的结果才初见端倪。行业调查估计，全英国基金经理中，在咨询服务采购中实施了整套 CSA 计划的不到 5%。整套计划意味着客户向其研究提供者支付时完全使用硬通货，例如为 1000 万美元的年费协商全方位服务研究。资产管理人员很可能需要花费数年的时间才能真正改造他们的研究服务采购，并让业界观察到其影响。分拆的影响也许对投资银行的销售和交易业务模型有着重要改变。分拆给资产管理者提供了重大激励，因为它允许他们以固定的比率采购独立研究，而不像使用传统捆绑佣金的市场间交易一样。它也使客户能够在不增加执行足迹的情况下增加他们的研究提供者。随着分拆运动，行业可以观察到精品店研究和独立研究的大幅增长。而全方位服务经纪人的成本结构将面临进一步的压力。

最佳执行授权进一步加速了对市场流动性性质的改变。它们打破了研究与执行之间的关系，从而削弱了银行整合特定资产管理者交易流的能力。相应地，大块指令现在在执行提供程序中进一步分散。机构投资者获得流动性需求的方式已不同于以往。

流动性的演变

每一次市场改革，无论其意图如何，都对市场生态产生相应的影响。有一些结果在意料之中,而另一些在意料之外。在过去10年间,环境条件已允许黑盒公司发展成为市场上流动性最大的来源之一。虽然分拆和最佳执行授权并不旨在让黑盒群体受益,但这些监管改革给他们最大的竞争对手(投资银行的做市商)曾经拥有的信息优势带来了不利影响。执行合并的侵蚀为新入场者与传统流动性提供者的竞争创造了机会。同样,资产管理公司指令细分实践的发展进一步促进了行业对低触摸执行平台的技术基础设施的投资。黑盒公司从投资银行为其传统客户群建立的报价的稳定性和广度中获益。

流动性曾经通过电话协商的行业现在已经发展为一系列的执行场所。黑盒策略已经成为流动性最主流的来源之一。统计套利、市场中性策略和自动化做市各自都有独特的方式来为市场提供流动性,并改善买入并持有投资者之间的互动。

虽然对冲基金已经发展为1.2万亿美元规模的行业,在传统的共同基金和养老基金的机构投资者中,投资者的资产显然还是占据主导地位。然而,他们的资产仍然与传统投资经理的资产相形见绌,据估计,后者是一个价值17万亿美元的行业(见图9.5)。对冲基金的资产并不表示它们在市场上的相对活跃水平。传统的资产管理者有多年的投资期限,因此其投资组合的周转率通常小于其管理的资产。如果它管理的资产为10亿美元,那么其在一年中的交易活动将少于10亿美元。另一方面,对冲基金的周转率为其资产的4~5倍,反映出它们的投资期限短,以及它们使用杠杆来增加回报。黑盒公司不在其中,它们每年交易20~50倍的资产。因此,市场流动性的

第九章 市场生态
Chapter 9　The Ecology of the Marketplace

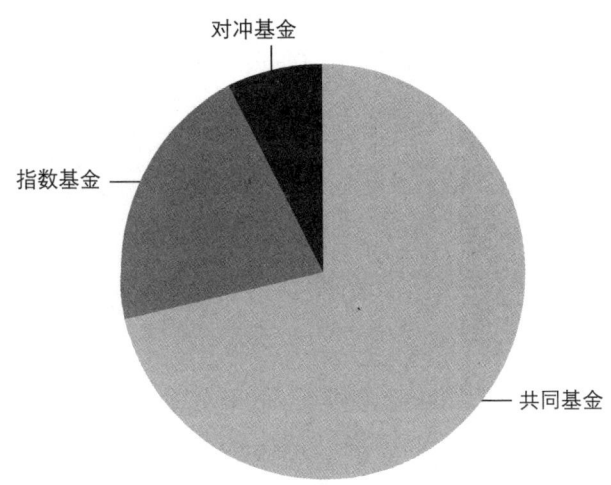

图9.5　不同投资策略下的资产比重

生态与顶级机构持有者的资产并不成比例。

　　投资者可以获取主要机构和私人股票持有情况的信息。任何热衷于了解谁是谷歌、星巴克或宝洁最大投资者的散户可能只需要查看雅虎财经网站上可用的持有报告。在最具流动性的标普500指数股票中，持股报告通常与前10名持有者拥有相同的公司，这反映了与传统投资经理的资产集中度。然而，股票市场的每日营业额的统计数据提供给投资者的指标很少。我们是否假设谷歌最活跃的交易符合最大股东的要求？或者市场投机者是否在市场波动中占据更大份额？

　　在任何一种情况下，流动性都不再是以前的流动性。黑盒策略已经增长到超过每个市场交易的30%。股票持有者和交易者之间的差距从未如此不成比例（见图9.6）。买入并持有投资者非常重要，

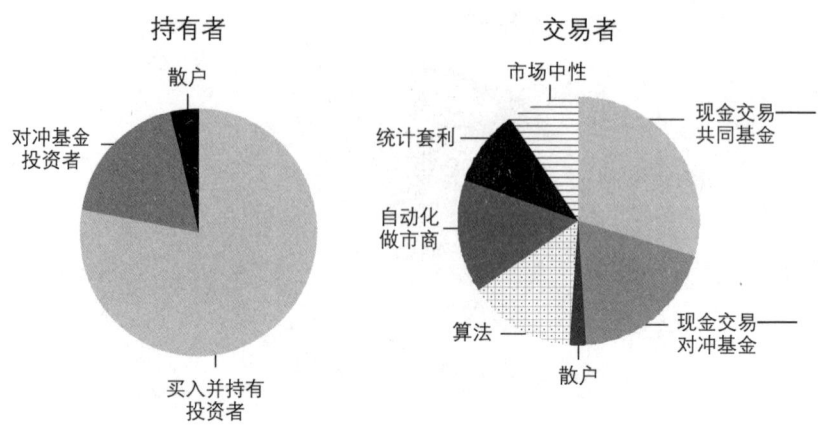

图9.6 市场生态

他们只是在寻找流动性时扮演不同角色，有不同的对手。市场生态的演变如何影响价格与价值之间的关系，只有时间能够给出答案。有一点是确定的：今天最活跃的投资者是计算机。

第十章　股票市场的全球化
为什么美国航空比新加坡航空的交易量大

新加坡航空（Singapore Airlines）是航空业最著名的公司品牌之一。不管是对普通大众还是对商务旅客而言，新加坡航空都已经建立起了航空旅行最佳等级的声誉。该公司在航空业转型方面发挥了领导作用，从率先在整个经济舱使用个人电视屏幕到让乘客在家打印登机牌，避免排队值机。在过去20年，新加坡航空相应地成为行业内最赚钱的航空公司之一。鉴于其服务质量的良好声誉，客户非常愿意为乘坐他们的飞机支付溢价。尤其是头等舱旅客愿意为法国时尚品牌纪梵希（Givenchy）设计的私人套装奢侈品买单。在市场研究公司布鲁顿（Colmar Brunton）开展的2008年《亚洲华尔街日报》（*Wall Street Journal Asia*）亚洲企业200强调查中，新加坡航空在管理愿景、服务质量和公司声誉方面排名第一。[1]这是自1993年以来唯一一家能够在调查中保持领先且从未中断的企业。由于这些原因，这个岛国最著名的公司已经成长为全世界市值最大的航空公司。

尽管新加坡航空取得了成功，但公司在新加坡证券交易所（Singapore Stock Exchange）上市的股票每天只有2000万到3000万美元的成交额。这大约只是美国航空公司（American Airlines）的50%~60%，该公司在过去20年中已经经历过好几轮破产保护，其市值不足新加坡航空的10%。新加坡航空当然是一只有吸引力的股票，那么为什么它的交易量与业内同行存在如此大的差距呢？

成交额水平的差异部分地代表了市场的"速度"。成交额的速度只是衡量相对于市值的交易价值。速度对已发行股票总数在投资者之间交换的频率进行排名。估值为7亿美元且年成交额为3.5亿美元的小盘股票，速度为50%，因为其市值每年有一半在交易。具有较高速度指标的股票比它们的同行受到更多投机，可能是因为换手更加频繁（见表10.1）。纳斯达克市场的速度指标比任何其他全球市场都高出很多。纳斯达克811%的速度意味着，每个上市证券每年的交易额为其市值的8倍。在剩下的前10大最活跃市场中，它们的速度指标是市值的2倍。美国航空挂牌的纽约证券交易所速度为205%，几乎是新加坡证券交易所速度的3倍。美国市场相较于全球市场有如此突出的活跃水平，有几种解释。流动性会随着美国经济规模、金融和监管环境强弱以及投资者群体（国内和国外）复杂程度的变化而变化。

第十章 股票市场的全球化
Chapter 10　Globalization of Equity Markets

表10.1　以速度排名的前10大市场

市场	交易速度
纳斯达克	811%
中国深圳	285%
美国（AMEX）	279%
德国	236%
纽约（NYSE）	205%
意大利	198%
韩国	189%
西班牙	179%
中国台湾	155%
伦敦	155%

数据来源：世界交易所联盟

　　市场的速度受到经济环境、投资者情绪、技术、市场机制和规则、交易成本、税收和监管环境等因素的影响。新加坡航空的交易量只占美国航空的一部分，与该公司基本面的吸引力并无多大关系，而与其交易所在交易所的吸引力有关。

　　黑盒公司也为市场的速度贡献了巨大力量。统计套利、市场中性投资、自动化做市以及算法在过去的10年间都是以美国为中心的。随着黑盒公司接纳交易模式的"全球化"，它们也成为全球市场交易量扩张最重要的贡献者之一。交易量扩大可以说是它们对全球股票市场最重要的影响之一，因为这使得金融行业更加重要，同时也迫使市场结构适应增长。交易量上升给经纪商、交易所和监管机构带来了压力，促使其提高执行过程的效率，降低交易成本。不同于其他任何的投资策略，黑盒策略在它们赖以生存的市场中占有重要的一席之地。当它们调整自身交易模式以适应国际市场时，它们会受到当地金融界的极大关注；这些关注有时是有利的，有时则不是。

交易策略的全球化

从经济意义上讲，全球化是通过增加贸易、外国投资、资本流动和政策自由化来实现的国民经济一体化。自第二次世界大战以来，现代全球化一直是一个迭代的过程，许多经济学家认为，在过去10年中，扩大的国际贸易、技术进步和外包使得全球化的步伐不断加快。世界比以往任何时候都更加平坦。

近年来，投资的全球化也相应地加快了，重点表现为资本流入中国、印度等新兴市场。在过去的50年里，新兴经济体间的国际投资壁垒被逐渐打破，投资者得以在许多国外市场购买证券而很少受到限制。通过降低交易成本和流通信息，技术在国际投资的自由化中发挥了重要作用。电子交易技术的进步迅速地加速了股票市场的全球化，从某种意义上，位于圣菲的投资者可以从日本到葡萄牙进行证券的无缝交易。技术促使投资者进入更大范围的股票市场，并缩小了各国之间特有的差异。在过去10年中，量化投资者也开始走向全球化，尽管与传统投资者相比，他们经常遇到独特的挑战。

以长远眼光看待市场或地区的传统投资者对实施其投资策略的

时间并不敏感，他们对摩擦成本也不敏感。他们能够负担得起对自己的投资策略保持耐心。如果共同基金希望在新兴市场（如葡萄牙）采取策略，其主要约束是与国内受众一起筹集资金。它在新兴市场实施战略的能力很少会受到约束（如果有的话）。也许外国投资者会受限，但大多数市场都在适应外国公司。

相比之下，黑盒公司在将战略从一个地区移植到另一个地区时面临着特有的约束。它们的策略受到不同的执行成本、市场规则、市场机制和投资者行为的阻碍。量化交易者需要学习如何驾驭当地市场结构以实施其投资策略。随着黑盒交易者接受全球化，他们已经十分了解全球市场结构的差异。全球股票市场最大的差异之一是美国市场与其他主要全球交易所之间的技术差距。美国市场每天处理数亿笔交易，然而一些全球最大的市场只能处理美国交易额的一小部分。

技术差距

2006年1月，东京证券交易所正面临着前所未有的交易量增长。时值中国出现在世界舞台上，这种兴奋再度激发了全球投资经理对日本机会的兴趣。日本再一次吸引大量外国资本，这主要得益于其与中国日益增长的贸易关系，后者在过去10年内的国内生产总值已从日本的30%增长到70%。

日本一直是最活跃的全球市场之一。即使在"失去的十年"（Lost Decade）这种经济增长停滞的悲观时期，东京证券交易所每日的交易额仍然在100亿至150亿美元的范围内，以美元计算交易量，这是全球第二大活跃的交易所。在 2005 年第四季度，东京证券交易所的交易量接近每天 250 亿美元，几乎是 20 世纪 80 年代鼎盛时期观察到的峰值。共同基金、养老基金和对冲基金的投资者都在向亚洲分配资产，而日本的交易量增长则说明了该地区投资者的兴奋情绪。东京证券交易所在 2005 年以 40% 的涨幅结束这一年，由此可以看出外国投资者对其又恢复了兴趣。

然而，日本投资者很快就会开始重新审视他们对股票市场被高估的担忧。从新年假期返回后，日本投资者将思考各种负面收益报告的影响。美国技术领头羊英特尔（Intel）和雅虎（Yahoo!）报告第四季度盈利结果差于预期。美国科技股将在 2006 年的第一周走下坡路，投资者开始猜测日本蓝筹股如软银（Softbank）、东芝（Toshiba）、佳能（Canon）和索尼公司（Sony Corp.）也将发布令人失望的收益。

坏消息接踵而至。2006 年 1 月 18 日，日本报纸报道他们开始调查活力门（Livedoor）的首席执行官堀江贵文（Takafumi Horie），其涉嫌隐瞒之前的 10 亿日元亏损。堀江贵文是一位受欢迎的科技企业家。他是日本的一位非传统高管，穿着 T 恤和牛仔裤，并且已经上升到名人地位。丑闻的爆发被称为"活力门危机"。[2] 日本最大的科技股出现恐慌性抛售。美国收入不佳和当地的丑闻一起，足以推动日经指数在短短的两天内下跌 6%。投资者会了解到未来几天还有更多需要担心的问题。

东京证券交易所已近乎饱和。尽管交易金额低于之前的 250 亿美元峰值，但在东京证券交易所发生的单笔交易数量已接近历史最高水平。东京证券交易所难以处理所有交易。在整个交易时段，投资者都在遭遇日益严重的延迟。东京证券交易所的服务器并非专为大笔交易而设计。

1月18日，交易数量接近350万，促使东京证券交易所采取预防措施。在午餐期间，交易所的官员发布一个临时公告：东京证券交易所将提前20分钟收盘。为了管理交易量的快速增长，东京证券交易所提前收盘，防止交易数量超出容量限制——据估计为每天约400万笔。投资者不仅收入不佳、深陷活力门丑闻，他们还需要担心技术的问题。如果东京证券交易所在他们卖出股票之前就关闭了怎么办？这一顾虑进一步促使他们在第二天的市场开盘前后激进抛售。

1月19日的交易活动在上午一小时后达到近200万笔交易。虽然交易活跃度在午餐时段减退，但东京证券交易所并没有抱侥幸心理。它做出正式决定，从下午的交易中减去30分钟，直至另行通知。通过从其4小时交易时段中砍掉30分钟，东京证券交易所估计自身将减少25%的市场交易量，即500 000笔交易。

随着东京证券交易所对其技术进行升级，未来几周缩短的市场交易时间保持不变。这一新方法被证明是成功的，因为东京证券交易所在快速扩容期间没有突破其容量。由于暴露了东京证券交易所的遗留技术问题，活力门危机甚至比堀江贵文本人的丑闻更加广为人知。事后看来，不能因为东京证券交易所对产量扩张的影响缺乏远见而指责它。在整个失落的十年中，银行监管改革的优先权显然超过了对交易技术投资的看法。如果没有理由进行投资，几乎没有必要加快投资者指令流的频率。

活力门危机的例子说明了日本和美国市场之间的技术差距。虽然纳斯达克的投资者已习惯于每天交易数十亿份指令，但日本投资者仅限于美国市场容量的一小部分。虽然全球化加速了国际贸易的进程，但黑盒公司已经认识到全球股票市场的差距往往非常明显。有些策略很容易从一个地区移植到另一个地区，而其他策略则由于市场结构的不同而难以移植。

全球格局

尽管世界各地都有大量技术交易，美国显然已经引领了黑盒交易的增长。美国金融体系一直处于创新的前沿，以维持这个世界上最大的经济体。技术进步和竞争环境为美国市场的量化投资策略创造了理想的场所。

从全球的角度来看，世界经济的一体化已经在市场和企业之间建立了更牢固的关系。任何特定国家的繁荣取决于整个世界的经济健康。全球股市的相关性比以往任何时候都强。然而，鉴于市场结构的巨大差异，量化交易者在捕捉这些关系方面面临许多障碍。相对于世界其他地区，量化交易机会的差距在美国股票市场的交易活动中得到了最好的体现。2008年，美国市场平均每日交易额为2770亿美元，约占全球每日4320亿美元市场活动总量的65%（见图10.1）。美国活动的重要性虽然不能归因于任何特定因素，但却反映了其市场结构的成功，这个结构维持着如此大容量的多元

第十章 股票市场的全球化
Chapter 10 Globalization of Equity Markets

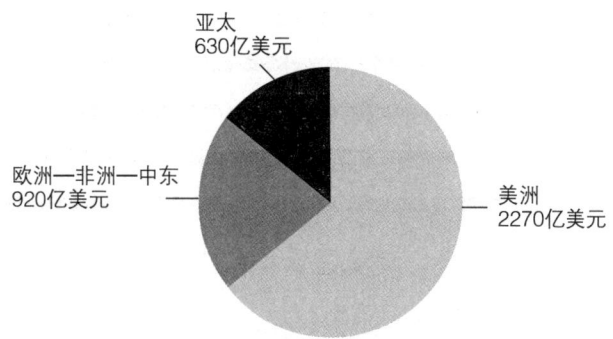

图10.1　平均每日交易额（按地区）
数据来源：世界交易所联盟

化投资者。

　　量化投资策略主要受到市场流动性的支配。与传统投资基金不同，后者可能会对市值进行约束，而量化交易策略通常受到流动性的约束。高频交易者对数千种证券进行小额押注，企业将其策略限制在每日交易量的百分之几，而不是集中建立几种头寸并长期持有。

　　从流动性的优势来看，鉴于市场的广度和深度，美国市场显然为量化投资者提供了最佳机会。数以千计的证券每日成交量为2770亿美元，创造了一个有动量交易、市场中性或做市策略机会的环境（见图10.2）。然而，美国市场反映了一定程度的饱和。显然有很多玩家跟踪相同的信号。我们很难估计美国市场黑盒交易商的总百分比。没有行业监管机构监控参与者的人口统计数据或投资者的交易频率。在当天的交易记录之后，平均持有期限是18个月还是18分钟，很难进行逆向操作。

跟踪信号：黑盒交易如何影响从华尔街到上海的股市
Chasing the Same Signals: How Black-Box Trading Influences Stock Markets from Wall Street to Shanghai

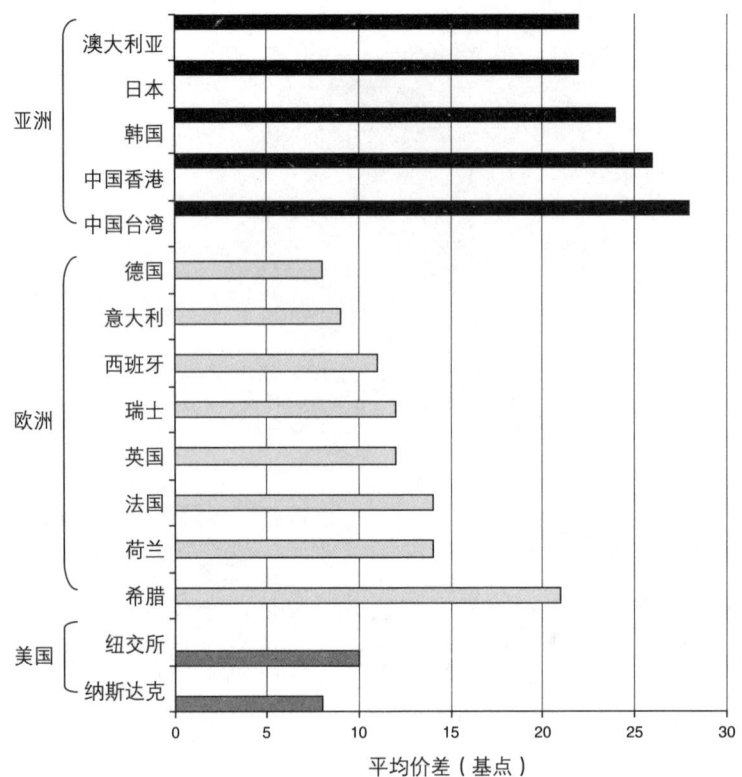

图10.2　全球主要市场平均每日交易额
数据来源：世界交易所联盟

欧洲市场

黑盒交易在全球范围内的机会与在美国市场不同。由于流动性、市场结构、交易成本、波动性和监管框架的差异，它们在每个地区都有所不同。有23个全球市场每天的交易量超过10亿美元。

伦敦证券交易所是欧洲最活跃的交易所，每天交易量超过250亿美元。在整个欧洲，市场流动性集中在少数金融中心。欧洲每日总量的近 70% 发生在伦敦、德国、西班牙和意大利。依赖于跨国家和跨行业对冲多头/空头头寸的量化模型必须克服在一个分散的地区获取流动性的挑战。欧洲有 14 个主要市场，跨越 3 个时区。泛欧交易时段为每日 12 小时，市场开放、午餐时段和流动性窗口错列。

与美国市场不同，欧洲不具备拥有大量流动性的单一市场的优势。单一行业的交易（如金融股）需要在十几个市场进行，并应对不同的监管要求和市场机制。2007 年欧洲采用金融工具市场指令（MiFID）可能是流动性增强的主要催化剂，类似于美国市场。

亚洲市场

在亚洲，黑盒交易主要在日本进行。日本市场在 20 世纪 80 年代实现了自由化，放宽了对外国的限制并降低了当地关税。各种量化交易在日本 200 亿美元的市场中都是可持续的，尽管东京证券交易所的技术平台限制了在美国市场上已经实现的超高频机会。

有许多人认为泛亚市场与欧洲的发展方向一致，但在地理、文化、经济和政治等方面的巨大差异限制了发展统一金融中心的机会。即使要确定亚洲市场的边界也是一个挑战。亚洲有 12 个主要市场，跨越 4 个时区，包含 8 种国家语言，更不用说无数的方言。与欧洲不同的是，在欧洲，四国一日游是可行的，而在亚洲，前往孟买、东京和悉尼的旅行将意味着 24 小时往返路途。东京、中国香港和新加坡建立了强大的区域对冲基金群体。每个地区都有其开展整个地区交易的优点，尽管将交易集中在一个城市中心有很多不利因素。香港位于中国和北亚的便利位置，但不太适合印度。新加坡已经成为

跟踪信号：黑盒交易如何影响从华尔街到上海的股市
Chasing the Same Signals: How Black-Box Trading Influences Stock Markets from Wall Street to Shanghai

东南亚国家联盟和印度的中心地，但距离日本还有 8 个小时的航程。

多元化的监管环境进一步将亚洲市场与欧洲市场区别开来。两个最突出的新兴市场——中国和印度都强制推行了合格境外投资者制度，这限制了外国的投资人。韩国和中国台湾同样地限制外国投资者，约束大多数美国公司采用结构性资产产品（即股权互换）。

电子交易是维持量化交易的基础设施，只允许在日本、澳大利亚、中国香港和新加坡使用而不受限制。2008 年格林威治联营公司的一项调查估计亚太市场的电子交易客户不到 5%。交易的技术、法规和摩擦成本（如当地国家的印花税）已经在抑制量化公司将其战略移植到亚洲。除日本外，亚洲市场高度分散。尽管有十几个主要市场，但流动性集中在大约 700~800 种证券中，可以无限制地以电子方式进行交易的股票不到一半。

尽管中国和印度进入世界舞台令人振奋，消除进入亚洲大部分市场的障碍仍然任重而道远。

股票微观结构的多样性

技术和电子交易基础设施的进步加速了股票市场的全球化。通过直接市场接入，投资者可以从全球几乎任何一个角落进行股票市场交易，获得实时报价和实时执行。黑盒投资者一直走在全球化进程的最前沿，连接到电子革命中可用的每个市场。

即使策略是针对共同的技术指标设计的，由于市场结构的差异，每个地区的"相同信号"可能会带来不同的交易。模型本身通常需要进行校准（或优化），以适应每个市场的独特性。[3]

在全球化中取得成功的量化基金是那些成功驾驭了当地市场结构、了解市场机制的细微差别以及战略利润决定因素的基金。这些基金的管理人已经了解到，全球市场对于各个地区的黑盒战略来说绝不相同。

交易成本

执行成本是高频交易可行性最大的决定因素之一。随着执行成本增加，对交易频率的约束也在增加。更昂贵的市场将导致持有期更长的策略，因为战略必须产生更高的利润以克服摩擦效应。由于结算费用结构、地方税和经纪佣金率的差异，仅执行一项的固定成本可能因地区而异。

美国市场的成本结构最低，每笔交易的执行费用不到 1 美分。大多数全球市场都未达到能与美国市场的竞争力相媲美的规模经济。尤其是新兴市场，其经纪佣金可能比美国市场高出 20 倍。

受流动性、平均利差和波动性的影响，可变执行成本（例如市场影响成本）因地区而异。平均买卖差价仍然是影响成本的最大决定因素之一。全球市场的差价变化很大，部分反映了做市商承担的税收和结算费等基本的固定成本，但由于市场机制（如最小价格变化单位）不同，差价也有所不同，如前所述（见图 10.3）。从全球来看，在流动性最强的国外市场中，平均利差从不到 10 个基点到超过 30 个基点不等。相应地，交易的可变成本在全球范围内差别很大。

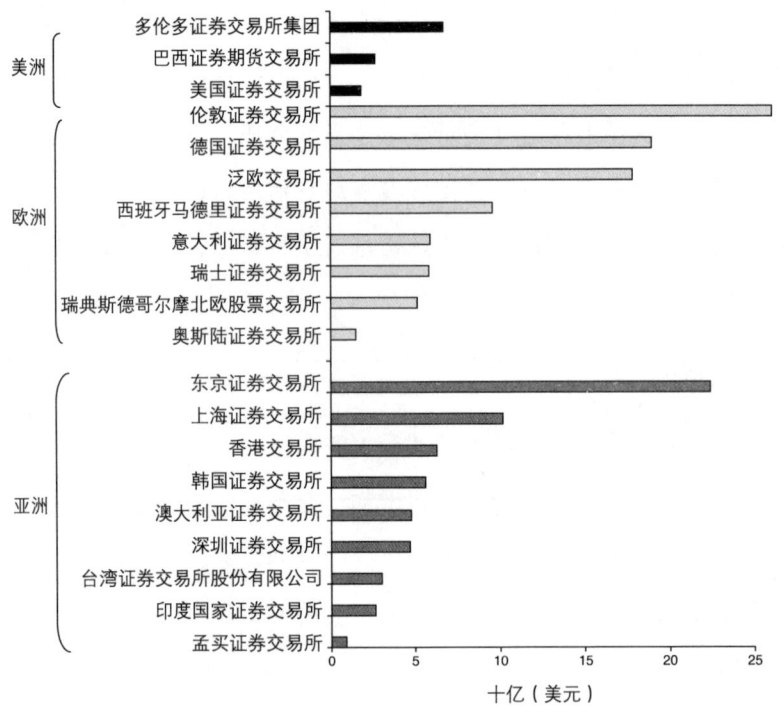

图10.3 平均每日成交额

由于经纪佣金接近个位数基点，因此价差可能成为对交易成本的最大影响。尽管交易所将其最小价格变化单位降低到全球市场的水平也许有利，但这个决定很少这么简单。交易所的容量、结算程序以及当地经纪人圈子的情绪都对其产生影响。价差的差异只是一个例子，反映了全球市场如何处于不同的发展阶段。

市场机制因地区而异。一些交易所采用公开竞价的方式，而在其他交易所则是封闭式竞价。一些接受市场指令，而另一些限制指令。有些交易所有午餐休息时间，而有些则全天24小时开放。虽然电子

第十章　股票市场的全球化
Chapter 10　Globalization of Equity Markets

交易产品包含了市场机制中的一些独特差异,但投资者必须通过何种方式获得流动性因地区而异。

市场准入

监管可以说是全球投资最多元化的方面。每个地区都采用对当地金融界和当前经济环境而言最佳的做法。尽管大家对全球一体化表示赞赏,但针对同一目标仍然存在不同程度的优先性和不同的解决方案。

卖空执行是市场监管多样化的一个例子。尽管卖空规则是金融监管中较为敏感的领域之一,其实施的标准却很少(见表10.2)。对描述类似概念的语言的不同用法是监管制度差异的一个突出例子。通过限制股票借贷、指令处理要求、文件等,卖空规则进一步受到限制。

表10.2　卖空的价格限制

	美国	伦敦	日本	中国香港	中国台湾
对卖空的价格限制	股价提升时不能卖空	股价提升时不能卖空	卖空交易不能以低于最后一次公布的执行价格的水平执行	卖空指令必须在现有最佳卖价时执行	卖空价格不能低于前一笔收盘价

学者和投资者一致认为,没有一个单独的市场结构能够作为范式供其他市场效仿。每个市场都会推行法规,优先考虑自身金融圈和经济环境的需求。这适用于黑盒交易是因为某些策略非常适合一

个地区，而不适合另一个地区。在全球各地市场，人们将以不同的方式跟踪"相同信号"。在1000只股票中产生了100亿美元年交易额的统计套利策略可能在中国台湾实施时，50只股票可能只会产生3000万美元交易额。在纽约证券交易所策略中，市场中性策略的平均持有期可能是几天，但在法国证券交易所实施时可能是三周。

每个市场的改善和自由化对黑盒策略而言都意味着潜在的增长机会，但是量化投资者在开始他们的全球化之旅时，必须认识到这些不利的改革。

监管风险

全球市场是否发展到美国市场的速度水平尚不确定。市场成交量就像价格一样，可能上升也可能下降。尤其是黑盒投资策略的影响，在金融界并未得到很好的理解。黑盒公司最关心的是保护主义政策的监管风险。与其他类型的投资者不同，监管改革可以直接淘汰掉黑盒投资者的策略。

金融危机有一种特殊的方式来刺激监管改革。在每次重大金融危机之后，由于市场参与者导致了经济不稳定，他们的角色都会受到质疑。黑盒公司可能会由于不断变化的监管改革浪潮而处于不利地位。金融危机给行业监管机构提供了环境，让它们引进措施，这些措施可能会阻止后续经济不稳定再次发生。

法律教授拉里·利伯斯坦（Larry Ribstein）在一篇题为《泡沫法则》（*The Bubble Laws*）的文章中，将金融史上反复出现的模式称为"繁

第十章 股票市场的全球化
Chapter 10 Globalization of Equity Markets

荣—泡沫—破灭—规范"循环。[5] 经济繁荣鼓励市场信任，导致投机和冒险，最终带来高估的市场泡沫。经济萧条通常会带来监管方面同样投机性的狂热。正如利伯斯坦所说，危机之后的气氛并不利于人们做出有远见的决策。

1997年亚洲货币危机是一场金融危机，激发了一波影响整个地区的监管改革浪潮。亚洲货币危机1997年5月最早在泰国出现，当时，对冲基金公司开始进行投机性的攻击以卖空泰国货币铢，它们认为泰国政府无法捍卫该货币对美元的固定汇率。在捍卫固定汇率一段时间以后，泰国政府最终屈服于投机者，允许该货币在公开市场上自由浮动。对冲基金在攻击货币中取得了成功，因为泰铢在几天内汇率下跌了40%。泰国蓬勃发展的经济陷入混乱，公司遭遇大规模裁员，投资者遭受资产价格贬值。在接下来的几周内，危机蔓延到东南亚和日本的大部分地区，并使股票市场和房地产资产贬值。对冲基金公司通过大量卖空马来西亚林吉特、印尼盾、韩元和港币，继续对其他区域货币开展投机性攻击。政府花费数十亿的外汇储备来捍卫其货币估值。

危机对宏观经济产生了重大影响，包括货币和股票市场的急剧贬值。在大多数国家，地区的名义国内生产总值下降了两位数。随着印度尼西亚总统苏哈托（Suharto）和泰国总理差瓦立·永猜裕陆军上将（General Chavalit Yongchaiyudh）辞职，政治动荡出现。这场危机也引发了重大的反西方情绪，美国对冲基金首当其冲。

马来西亚政府宣布采取最激进的措施来规范其当地货币林吉特的交易，并减少该国对金融投机者的风险敞口。1997年9月，它宣

跟踪信号： 黑盒交易如何影响从华尔街到上海的股市
Chasing the Same Signals: How Black-Box Trading Influences Stock Markets from Wall Street to Shanghai

布林吉特对美元实行固定汇率，并且只能在马来西亚境内进行交易。资本措施将阻止货币进出该国。马来西亚总理马哈蒂尔·宾·穆罕默德（Mahathir bin Mohamad）指责乔治·索罗斯（George Soros）用大量的货币投机破坏了马来西亚的经济。[6] 用他的话来说：

> 它（危机）破坏了各国的辛勤工作，只为迎合投机者的利益——好像他们的利益如此重要，而数以百万计的人们必须受苦。

亚洲危机期间颁布的监管改革不会是短暂的约束条件。在危机结束之后，东南亚各国政府大幅改变对外国投资者的待遇，特别强调限制资本外流。今天，许多保护主义改革仍然存在于整个东南亚地区。

2008年全球金融海啸可能会出现针对投机活动的各种市场改革。由于黑盒交易者的投资活动在市场中的作用经常遭到误解，因此他们可能在与监管约束的交火中被发现。因此，"监管风险"仍然是他们投资理念扩散中的最大问题。市场结构的任何变化都可能对市场产生意外的后果，甚至可能消除特定类型的投资策略。卖空限制、资本利得税和最低持有期限只是为了保护华尔街的冒险文化而提出的诸多建议中的一小部分。

2009年2月，国会议员彼得·德法西奥（Peter DeFazio）介绍了众议院第1068号决议，该决议旨在对所有担保交易征收0.25%的税。[7] 这种"交易者税"是德法西奥想出的一个主意，目的是强迫华尔街为问题资产救助计划（Troubled Asset Relief Program）支付交易税。在他看来，这项税收将从华尔街筹集资金，而对普通投资者的影响

第十章　股票市场的全球化
Chapter 10　Globalization of Equity Markets

可以忽略不计。虽然散户投资者可能不会因为每月少数交易的税收而受到不利影响，但交易者税可能会引入另一种性质的成本。0.25%的交易税几乎可以消除从统计套利到自动化做市的高频交易者的利润。

如果没有黑盒策略，市场交易量会受到什么影响？交易税是否会将美国证券的平均买卖价差提升到20世纪90年代的30个基点水平？市场营业额会下降10%、30%、50%还是更多？普通投资者承担的成本不能仅靠0.25%的税收来估算。在某种程度上，问题的根源在于黑盒行业的形象。该行业的交易对全球市场的影响是什么？尽管经验证据表明其策略对市场波动性和较低的买卖差价产生了抑制作用，但黑盒策略在金融市场中的作用尚无确凿证据。

可以说，过去10年交易量扩大的最大贡献者是黑盒投资公司。然而，它们的数量并不总是受欢迎的。当你势力足够大时，你必然会得罪他人。[1]

---

[1] 译者注：谚语，原文为When you cast a large footprint, you're bound to step on a few toes，直译为"当你留下的脚印够大时，你必然会踩到几个脚趾"。

第十一章　适应性行业
接下来跟踪什么信号

成功的量化公司不仅仅建立在它们的数学和物理学知识之上，还建立在人的创新和创造力之上。对一家黑盒公司而言，从客服和员工那里获取最佳创意，并不断适应竞争日益激烈的市场的能力是其长期发展的根基。

黑盒交易面临的经济挑战也许比其他投资策略都更为严峻。它们发现，在执行层面保持优势是一场持续的技术军备竞赛。它们体验到监管环境的细微变化可以极大地改变模型的盈利机会。它们了解竞争对手，以类似的价格异常作为目标，并挤占对手的利润。

黑盒策略的长期发展也不同于其他任何的投资策略。它们繁荣于独特的经济条件，这种独特体现在波动性、分散度、序列相关性或价差等方面。当水涨船高时，它们的业务并不受益于经济的整体繁荣。

正如 AQR 资本的创始合伙人之一大卫·卡比勒（David Kabiller）所描述的那样：[1]

第十一章 适应性行业
Chapter 11 An Adaptive Industry

因为太多人接受它,你播下了毁灭自己的种子——这就是为什么我们认为很多最佳策略对它们而言能力有限,因为吸引它们的钱越多,它们就越有可能随着时间逐渐堕落。

因此,量化公司的生存受到其研究过程的质量、执行研究模型的能力以及对金融市场不断变化的直觉的影响。策略的成功故事不仅仅是关于它们跟踪什么信号的故事,也是一个有关它们如何跟踪信号的故事。

衰退效应

人们在2007年8月第一周的经历是关于有限能力的绝佳案例。这是量化交易史上一个独特的时刻,金融界开始痛苦地意识到有多少黑盒公司正在拥抱同样的策略。

在一篇研究论文《2007年8月,宽客到底怎么了?》(*What Happened to the Quants in August 2007?*)中,罗闻全和阿米尔·坎达尼(Amir Khandani)对量化对冲基金经历的市场动荡提出了一个似是而非的解释。[2] 他们假设对冲基金经历了一种特定的统计套利策略的衰退效应,这一策略被称为逆向策略。

在这种特殊的逆向策略中,黑盒公司试图在短期(如一天)的价格差异中获利,这种差异由市场过度反应而实现。他们假定,投资者经常过于激进地买入(或卖出),当他们的交易结束,市场会恢复到之前的水平。逆向投资者可以通过在每个交易日结束时买入所有输家的股票并卖出所有赢家的股票,从这种模式中获利。

跟踪信号：黑盒交易如何影响从华尔街到上海的股市
Chasing the Same Signals: How Black-Box Trading Influences Stock Markets from Wall Street to Shanghai

逆向策略最简单的形式是买入昨天输家的股票并卖出昨天赢家的股票，然后在第二天从发生的逆转中获利。罗闻全和坎达尼模拟了1995—2007年美国股票应用这一策略的交易利润，并强调了这种策略的获利程度（至少在纸面上）。1995年，该策略产生了345%的年化收益。正如作者强调的那样，他们的结果过于乐观，有几个原因：交易成本、卖空约束、技术限制等等。他们的回溯模拟假设每天有超过4500只股票在交易，而这在1995年是不可行的，即使是最精通技术的公司在今天也办不到。尽管如此，他们的研究证明，那些可以实施战略变化的公司会有大量的超额回报。导致2007年8月动荡的一系列事件可以说从20世纪90年代早期就开始了，当时关于逆向投资的初步研究首次发表。价格异常被称为"交叉自相关"，其中当天的股票收益与第二天呈负相关。

在量化金融领域，行业的想法是共享的，因为学术界会发表有关价格异常的研究，并在投资界传播。诸如逆向交易的有趣想法将在整个行业中得到消化，被很多不同的公司实施，尽管形式略有差异。

20世纪90年代中期，投资银行的自营柜台可能是少数可以利用这种逆向价格异常的金融机构。在这种基础设施可用于对冲基金之前的几年，他们就享有与交易所电子指令簿（即 SuperDot）进行技术链接的好处。而且，自营柜台有一个巨大的优势，因为他们没有必要支付交易佣金。这在他们追求高流动性策略时助了他们一臂之力，当时交易佣金高达每笔0.50%。

20世纪90年代晚期，当电子交易技术成为可用的技术时，对

第十一章 适应性行业

冲基金的进入者开始使用逆向策略。当然，有足够多的对冲基金公司跟踪这种差异。它们早期的想法可能是持有时间超过一天，但随着接下来几年佣金减少，它们的交易转向更高频的交易，开始类似于自营交易柜台的竞争对手。

正如罗闻全和坎达尼所说，在策略"衰退"中观察到许多公司采用类似策略的影响。他们在模拟中证明，逆向策略的平均日收益率从1995年的1.38%下降到2007年的0.13%（见图11.1）。由于许多公司跟踪相同信号，利润率已经下降到原先水平的一小部分。

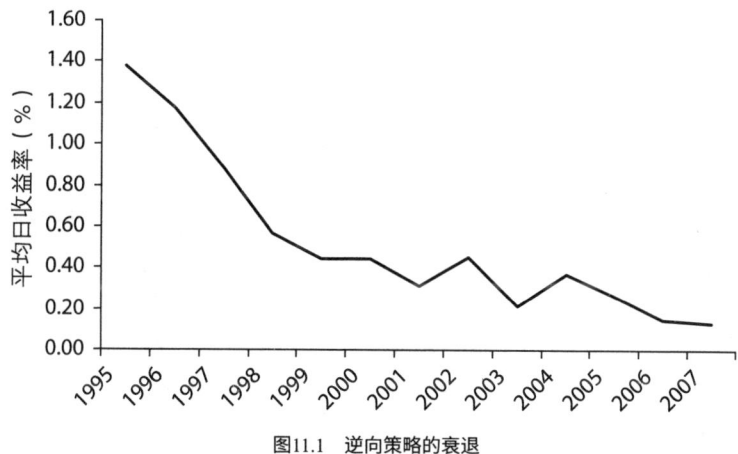

图11.1　逆向策略的衰退

逆向交易者有效地模拟了流动性提供者的角色。通过买入输家股票并卖出赢家股票，逆向投资者们增加了对冷门股票的需求以及对热门股票的供给，从而稳定供需不平衡。对冲基金为市场注入了大量流动性，因为它们正使用技术并将优化模型应用于逆向交易。其结果是，它们在减少市场波动，并对偏离指数的市场波动起到抑

跟踪信号：黑盒交易如何影响从华尔街到上海的股市
Chasing the Same Signals: How Black-Box Trading Influences Stock Markets from Wall Street to Shanghai

制作用。然而，另一个影响是它们在相互蚕食对方的利润。策略的衰退迫使这些公司利用杠杆来维持利润。通过使用杠杆，它们可以扩大投资组合的规模，并放大策略的收益，使之与几年前的收益保持一致。

正如罗闻全和坎达尼的研究所表明的那样，逆向策略在 2007 年要求多倍杠杆来达到先前 2001 年的业绩。拥有 10 亿美元资产的对冲基金采用这种策略，就能像一只 50 亿美元的基金那样交易。

2007 年 8 月的第一周，人们感受到了这种同时解除头寸的影响。逆向投资者在同时准备退出市场的时候让股市陷入混乱。按照传统的观点，一家公司无法影响市场，但好几家公司持有类似的头寸，有着相似的风险偏好，显然可以产生短期影响。虽然 2007 年 8 月的事件没有对市场估值产生持久的影响，但它们确实给金融界留下了持久的印象。黑盒公司虽然只是金融行业的小部分群体，但它们显然已经成长为从华尔街到上海的股市的重要影响力量。

搜索信号

另一个独特的困境将量化策略的衰退效应进一步放大：有限的数据资源。什么可以被测量和什么不能被测量限制了信号。一旦一个数据源在社区中形成声誉，它就会有更广泛的需求，同时也广泛可用。

20 世纪 80 年代，一些最早进入量化交易的人开始了他们作为

第十一章 适应性行业
Chapter 11　An Adaptive Industry

商品交易顾问的职业生涯，他们每天将报价输入 Lotus 123 电子表格。他们最初的成功催生了一个数据供应商的行业，该行业将捕获时间序列数据的行为商业化，并将其出售给整个金融圈。汤森路透是行业内领先的金融信息提供商，现在提供长达 15 年以上的几乎每一笔股市历史交易的深度信息。像毛里求斯这样的新兴市场也许信息较少，但世界上其余 90% 的交易都保存在一个数据库中。基本股票数据也已成熟。资产负债表指标、宏观经济数据、企业行动、历史档案等现在都可以广泛购买。即使一家黑盒公司是使用历史数据集的先行者，它也难以仅基于特定的数据源而保持自身优势。

类似地，当受到相同的、广泛可用的信息约束时，区分策略的机会也更少。正如俗语所说："扒去猫皮的方法有很多。"[1] 数学家、物理学家和经济学家在过去 20 年里操纵过开盘、最高、最低和收盘价格数据的市场报价。基于相同资源来设计更好的模型是一项不切实际的任务。

然而，信号是一种奇怪的动物。信号不会偶然成为信号，需要经济学家、科学家或企业家释放新兴数据源的价值，它才能作为信号源为人所知。无论在商业、科学还是金融领域，发现新信号的商业价值已经催生了好几个发现新型创新数据源的实例。

天气数据

1999 年，一群新的科学家到达华尔街：气象学家受雇于对冲基

---

[1] 译者注：谚语，原文为 there are only so many ways to skin a cat，意为"殊途同归"。

金和投资银行，开发内部自有模型来预测天气模式。由于显而易见的原因，农业、航空、旅游业等很多行业受到天气的季节趋势的影响。华尔街意识到对天气分析的外部来源没有区分，认为可以通过更精确的预测获得利润。[3]

对冲基金有很多领域可以利用天气研究。1999年，芝加哥商品交易所（CME）刚开始上市天气衍生品合约，如"温度指数衍生品"，这些合约是根据美国主要城市实际记录的温度开发出来的。温度指数衍生品基于从基准值开始对每日温度的计算；例如，低于65华氏度的每个度数都算作一个"日热度"（HDD）。一段时间内的HDD总量将观察到的温度总数量化。

温度指数期货作为套期保值机制，对那些对不合时宜天气敏感的行业是有益的。滑雪胜地可以利用这些衍生品来抵消暖冬的风险。农民可以用它来抵消多雨的夏季的风险。相应地，对冲基金可以通过准确的天气预报模型来获得利润。华尔街雇用气象学家来研究天气模式。与基于收益预测的传统股权研究类似，气象学家会开发出有关降雨、风速和云层覆盖的模型。他们研究这些变量之间的历史关系，并设计出比外部新闻机构能够提供的更加精确的测量方式。

对冲基金愿意投资于那些将天气数据分析商业化所必需的、最先进的基础设施，就像它们愿意从自己对纳斯达克指令簿的分析中收取费用一样。一些顶级的多策略对冲基金——德劭基金、都德投资公司（Tudor Investments）、海纳等——将统计学家与经验丰富的气象学家组合，一起设计开发天气预报的新方法。它们创建了几十年前美国数百个城市的天气模式数据库，然后开始量化天气指标

第十一章　适应性行业
Chapter 11　An Adaptive Industry

的相关性。它们的研究带来了"相对价值"天气模型的创新策略。如果它们的模型显示气流在一个地区更强，便可以寻找相关市场来对冲不确定性。它们可以购买巴尔的摩的天气衍生品，与费城的对冲——费城的天气通常与之相关。通过投资于天气研究，量化公司能够利用其相对于投资界的信息优势。

在芝加哥商品交易所天气衍生品首次亮相后不到 10 年，整个对冲基金策略行业围绕这种混乱的潜在现象逐步发展。随着应用于监测全球变暖的广泛技术的出现，如卫星图像、水下地震系统、微气象气球等，黑盒公司有望在未来发现更多创新的"信号"。国家气象局应该期望他们的许多校友继续加入华尔街收入最高的分析师行列。

位置数据

下一次当你浏览你的黑莓手机时，你正用重要信息发送下一代黑盒策略，知道这一点也许十分有趣。星期五晚上出门看场电影，然后在一个时尚夜总会区喝马提尼，可能会引发星期一市场开放时消费品行业的购买浪潮。

为什么科学家和企业家对位置数据感到兴奋，这一点在《新闻周刊》（*Newsweek*）一篇题为《一万亿点数据》（*A Trillion Points of Data*）[4] 的文章中得到了强调。手机是一种传感器。你每一次拨打电话或下载信息时，都在向你的蜂窝网络供应商传达位置信息。数十亿部手机转化为一个庞大的位置信息数据库，供科学家和企业高管研究位置和经济活动的关系。

企业有了解客户的内在需求。如果企业对库存进行了错误的投资，那么未预料到的消费者偏好变化可能就会造成巨大损失。调查公司和管理顾问在这个方面为私营部门提供建议，但他们往往只能提供原始分析。位置信息可能会将实时窗口带进特定的客户趋势。无论是佛罗里达青少年选择用餐的地方还是中西部老年人最近购物的场所，位置数据都能及时提供有关特定人口趋势的见解。

尽管位置数据的应用尚处于起步阶段，但对冲基金已经开始在标普500指数的变动中探索位置模式的统计显著性。交通拥堵的增加是否意味着石油价格即将增加，这是下一代黑盒策略要关心的问题。你的黑莓手机可能成为他们的策略跟踪的下一个信号。

搜索数据

测量是许多行业的命脉。有关消费者品位和消费习惯的信息是企业制定决策的重要组成部分。随着互联网搜索引擎的发展，过去10年中消费者信息的最大来源之一得到了发展。

经济学家将这种新科学称为"谷歌学"（Google-nomics），这是一门对数以亿计互联网搜索交易的研究。每一天，从去哪儿购买鲜花到如何为汽车贷款再融资，用户什么都会搜索。所有这些搜索项目整理起来，告诉人们消费者最新的兴趣点。经济学家已经开始研究这些信息——这是经济预测的实时数据来源。

用户搜索中包含的数据经常可以和经济或政府机构报告的标准指标一样准确。例如流感活动。2008年，谷歌想知道用户查询是否有任何预测的能力，能够准确地检测出美国各地区的流感活动。

谷歌认为，每年都有超过一亿的美国成年人在网上搜索有关特

第十一章 适应性行业
Chapter 11　An Adaptive Industry

定疾病或医疗问题的信息。通常在他们出现诸如咳嗽、喉咙痛或鼻塞等症状时，他们的搜索习惯就自发地出现了。谷歌想知道对"流感"（flu, influenza）这类关键词的搜索是否有任何预测能力，能够作为对实际记录的流感样疾病（ILI）病例进行早期发现的衡量指标。通过汇总2003年至2008年间提交的在线搜索的历史记录，谷歌能够计算美国5000万最常见的搜索查询每周的时间序列。[5] 利用疾病控制中心（CDC）流感监测网络提供的历史数据，他们能够将在线搜索历史与医生访问时实际报告的流感病例进行比较。随后，谷歌开发了一个模型，以验证其在线搜索是否能够估计医生随机访问特定地区与报告的ILI病例相对应的概率。结果令人印象深刻。5年的历史样本显示，医生访问与疾病预防控制中心报告的ILI每周统计数据有90%的相关性。这证明谷歌搜索可以用于准确预测整个美国地区的流感活动。谷歌随后设计了一个监测工具"流感趋势"来监测和跟踪流感季节。

只有时间可以辨别谷歌的在线搜索档案是否会成为整个黑盒行业即将使用的下一层"信号"。人们可以想象，每天数以百万条在线搜索查询一定包含对消费者趋势有价值的见解。iPods或Playstations这类关键词搜索可能是对电子产品消费者趋势的估计。有关J. Crew或香蕉共和国（Banana Republic）的查询也许与消费品销售有着前瞻性的关系。

在《连线》（*Wired*）杂志上一篇关于谷歌新经济的文章中，谷歌首席经济学家将它的档案称为流行文化世界的晴雨表。[6] 观察者可以从用户冬天搜索滑雪目的地、夏天搜索防晒产品中看到季节的变化。谷歌甚至根本不需要阅读文章来感受金融危机——看到搜索"黄金"的用户增加就可以了解到。

黑盒行业绝不是一群满足于填充静态数据集的数学家。它不断追求新的资源，以更好地理解金融市场的细微差别。无论是通过自己的努力还是通过不相关的发展来发现这些新的数据来源，该行业都在努力地不断寻找和发现独特而有趣的信号以展开跟踪。

经济挑战

有限的数据资源和衰退的策略限制了黑盒公司发展业务。然而，黑盒公司面临的更大挑战是在不断变化的经济环境中仅仅维持目前的利润水平。

在金融领域，投资策略会经历一个个周期，就像经济面临增长和衰退时期一样。鉴于外部环境不断变化，随着时间的推移，黑盒策略的风险—回报关系并不稳定。监管环境、税法和成本结构都促成了生态变化，提高了市场效率。

2008年的金融危机会动摇金融市场的格局。一些人猜测，危机将导致现代投资银行业务模式的消亡，高盛和摩根士丹利以商业银行的身份注册就表明了这一点。业内人士还表示，未来几年，该行业多达一半的对冲基金将开始消失。他们猜测，黑盒对冲基金也将走向灭绝。不同于同行，量化对冲基金在金融危机之后将面临独特的经济挑战。尽管它们位列过去10年中表现最佳的对冲基金，但其商业环境发生了巨大变化。它们将面临一个接一个令人头疼的挑战。

第十一章 适应性行业
Chapter 11 An Adaptive Industry

卖空约束

金融危机之后,黑盒公司最直接关注的是卖空约束,这种约束发起于美国市场,随后在全球主要市场被采用。金融危机经常引发膝跳反射,卖空约束就是一个显而易见的针对投机者的限制,而不会对公众产生影响。

卖空通常被视作纯粹的投机活动,不利于经济稳定。事实上,卖空是实施套利策略的必要机制,它可以为市场注入流动性,并在不平衡时期稳定价格。2008年10月,在雷曼兄弟破产后两天,美国证券交易委员会主席克里斯托弗·考克斯(Christopher Cox)暂停金融业卖空的做法,原因是市场担心"利润匮乏的交易者正在播种恐慌情绪"。尽管套利策略在金融市场中发挥着重要作用,但当前的经济环境促使了市场改革的迅速实施。由于2008年10月的大部分时间卖空受限,许多黑盒公司将暂停其在金融领域的交易,因为它们无法进行对冲。实际上,撤回流动性可能会促使股票市场的不稳定状态延长。

在美国领先后,大多数全球市场都实行了卖空约束。许多交易所在数月内保持这些限制,直到全球经济稳定下来。虽然禁令带来的挫折只是暂时的,但它们的确给黑盒行业留下了后遗症。市场在任何时候都可能被禁止进行量化交易。黑盒公司对市场效率的作用更多的是出于经济稳定而非监管的考虑。

借的成本

令黑盒公司更难以抗拒的约束是其商业模式的成本结构。大多数黑盒策略都依赖杠杆来增加回报。金融危机期间，杠杆成本大幅增加。雷曼兄弟破产后，金融界开始大范围地努力收紧自己的资产负债表，以防止类似的失败。银行停止相互借贷，囤积资产并避免借款人的交易对手风险。由于银行不相互借贷，借入股票的成本开始飙升。

量化对冲基金是最依赖杠杆使用的一群公司，它们依靠从投资银行借入股票来扩大其战略利润，即使表现最佳的量化基金也可能需要2倍或3倍的杠杆来维持两位数的回报率。信贷危机将改变其商业模式的经济状况。投资银行开始以之前水平的数倍来收取借款费用，这改变了黑盒策略的风险—回报关系。即使它们的模式仍在赚钱，它们也可能无法承担运营成本。

市场结构

金融危机对市场生态产生了另一种微妙的影响。交易技术产品的使用增加，是因为大量失业导致了银行人员短缺，也因为金融机构面临严重的成本压力。在金融危机期间，交易技术变得比以往任何时候都重要。

特别是在欧洲，对执行成本的强调已成为新兴电子商务网络与交易所之间的激烈竞争。金融研究和服务公司 TowerGroup 的一项调查估计，新交易场所的执行成本是传统交易所的五分之一。Chi-X 是业界领先的电子商务网络之一，对相同交易量收取的费用是伦敦证券交易所的五分之一，是德意志交易所和纽约–泛欧交易所集团所收取费用的十分之一。[7]

在过去的几年中，欧洲的成本压力与纽约证券交易所在 ECN 中

第十一章 适应性行业
Chapter 11　An Adaptive Industry

经历的现象相似。较低的执行成本正在侵蚀传统交易所股票交易量的市场份额。相应地，市场的动态随着技术日渐重要的角色而变化。流动性变得支离破碎，并迅速从一个地方转移到另一个地方。对于黑盒公司而言，它们必须重新校准模型，以便对执行环境的格局进行补偿。

投资者行为

虽然卖空约束、杠杆费用和执行环境这些经济挑战可能是短暂的，会随着经济稳定而稳定下来，黑盒公司仍然面临一些长期的挑战。投资者行为作为价格异常的驱动力，可能在接下来几年都不会稳定。

经验影响行为。市场趋势和逆转取决于投资者如何对新信息做出反应。一般来说，同样的偏差在投资者那里可以维持好几年。然而，金融危机可能在未来几年会持续伤害整整一代人。在未来，好消息只能被解释为不太坏的消息。因而，旨在解释投资者行为的黑盒策略也许没有有效的历史参考。任何数量的重新校准都不能代表投资者行为的未来。

只有时间才能说明市场将如何反映下一代投资者在当下的情绪，以及这些情绪将如何转化为市场效率。金融危机会导致市场效率更高还是更低，这与经济稳定性一样不确定。

适应性机市场理论

价格异常总会带来一场激发智力的辩论。除了所有的经验证据外，有效市场假说还受到一个非常直观的概念的支持。价格异常是短暂的，因为当公司采取行动时，异常会因受到跟踪它们的公司影响而消失。因此，任何信息优势都是不可持续的。但是，人们认为市场效率并不随时间稳定。正如经济是周期性的，股票市场的效率也是如此。经验证据表明，美国市场总是经历不同时期效率的起起伏伏。

在罗闻全有关适应性市场理论的出版物中，他提出了一个典型的例子，说明量化交易的环境条件如何随着时间的推移而发生变化。[8]罗闻全强调效率并不是股票市场的稳定特征。纵观美国市场的历史，随着经济在不同的商业周期中波动，月回报的序列相关性已经在很大范围内受到影响（见图11.2）。证据表明，20世纪50年代的市场比20世纪90年代更加有效。罗闻全认为，由于当前的经济挑战，市场效率和经济一样，会受到周期的影响。他是行为经济学领域的众多研究者之一，这些人针对有效市场假说提出另类想法。

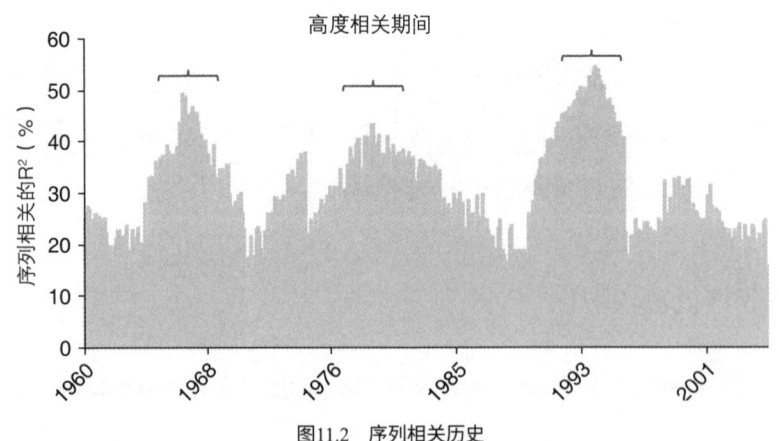

图11.2　序列相关历史

第十一章 适应性行业
Chapter 11　An Adaptive Industry

效率是市场盛行的生态特征。如果有许多物种竞争相同的资源，那么市场将是高效的。在竞争激烈的时期，由于资源有限，一些物种将无法生存，市场生态将因此而发生变化。

黑盒交易对保持稳定平衡的不同物种之间的关系特别敏感。养老基金投资者、散户投资者、宏观对冲基金投资者和其他投资者都会根据他们对信息的反应以及执行想法的方式带来价格异常。由于黑盒公司执行多样的投资策略和独特的风险偏好，它们在这些物种之间的相互作用中充当中介。

由于市场生态的指标很少，很难知道一个特定物种何时相对剩余种群过于丰富。一种投资策略可能风行一时，然后随着环境的演变而消亡。而这些实例只有在事后才能知道。在《美国经济评论》（*American Economic Review*）的一篇文章中，桑福德·格罗斯曼（Sanford Grossman）和约瑟夫·斯蒂格利茨（Joseph Stiglitz）描述了持续有效市场的不可能性。[9]如果市场完全有效，那么就没有激励措施了。低效率是对收集信息、发现新信号以及构建以毫秒为单位执行的交易模型的补偿。

价格异常可能是短暂的，但由于投资利润的衰减和经济挑战的压力，当市场生态发生变化时，它们也会再次出现。鉴于引入了新的监管限制和各种金融机构的去杠杆化效应，金融危机改变了所有金融机构的竞争环境。如果以历史为参照，那么曾经套利的价格异常将重新出现。

黑盒交易早期开拓者的成功是一种机会主义的成功，在先发优势和驾驭市场结构能力的基础上获取交易利润。在过去的10年中，

跟踪信号：黑盒交易如何影响从华尔街到上海的股市
Chasing the Same Signals: How Black-Box Trading Influences Stock Markets from Wall Street to Shanghai

量化投资理念已经发展为一系列不同的策略。黑盒公司的本质是成为流动性提供者。这是一个启发式的过程，从反复试验中学习，并在经历不同类型的风险中发展。量化投资是一个不断进化的过程，在这个过程中寻求对金融市场更好、更明智的理解。

科学家和数学家们已经发展成熟，并且已经在常春藤联盟 MBA 军团中获得了行业权力经纪人的地位。他们为市场提供流动性的不同策略使整个基础投资者群体受益。在金融危机爆发之前，人们就观察到黑盒圈子对世界股票市场的影响——波动性、分散性和价差都处于历史低位。长期投资者的摩擦条件从未如此好过。

统计套利公司是第一批理解技术在追求价格差异方面发挥的独特作用的公司，它们寻求设计最先进的交易平台，这给整个金融行业带来了竞争压力，降低了交易成本，并改善了所有投资者的执行环境。市场中性的管理者是应用风险因素模型的先驱，在探索买入/卖出优化问题时，他们对股票分散造成了抑制效应。自动化做市商重新定义了流动性提供者的意义，并相应地将买卖价差降到历史低点。

当金融危机尘埃落定时，人们会期望黑盒公司在金融市场中保持其作为中间人的重要作用。黑盒行业如何应对不断变化的经济挑战，只能从时间中找到答案。也许太多的计算机跟踪太少的信号，也许我们还处于另一层适应的初期阶段。金融市场绝不是静止的。

市场改革、新技术、金融产品、经济和政治都对市场的性质产生相应的影响。任何微小的变化都会给整个食物链带来变化——替换一部分人口，同时在其他地方创造机会。市场改革对市场流动性

第十一章 适应性行业
Chapter 11　An Adaptive Industry

的人口统计数据产生了深远的影响。无论是限制指令显示规则、最小价格变化单位还是卖空约束，每一次市场改革都会改变竞争环境，并进一步增加参与者对适应市场的需求。从全球的角度来看，市场绝不是一种协调和静态的机制。每个地区都接纳外国投资者，同时也优先考虑国内投资者群体的需求。美国市场正在推动电子交易平台和暗流动性池的发展，而欧洲市场正在优先考虑其对分拆授权和最佳执行实践的需求。

另一方面，新兴市场在进入世界舞台时正在放松对外国的限制，但同时仍然认识到当地的挑战。例如，中国和印度更迫切地需要吸引养老基金投资者，而不是增加自动化做市商的市场机制。从这个角度来看，黑盒社区应该像金融业中的同行一样接纳基本面。只有政治稳定、经济环境改善才会影响市场改革的步伐，并为创新型投资战略打开大门。

与此同时，黑盒公司将会像其他任何投资策略一样经历流行和过时。它们也必须经受全球经济气候的普遍循环。它们将继续跟踪相同信号，但它们必须适应新的跟踪方式。

第十二章　结论

2008年9月15日星期一早晨，投资者一醒来就得到消息，在整个周末紧锣密鼓地与高级银行家和政府官员谈判之后，美联储主席本·伯南克（Ben Bernanke）无法协调出一个给予雷曼兄弟（Lehman Brothers）必要的支持基金使之渡过难关的解决方案。早上6点之前，投资者就了解到，华尔街最有名的公司之一雷曼兄弟成了次贷危机最新的受害者，即将破产。

然而，9月15日早上，标普500指数还没有崩盘。尽管房利美（Fannie Mae）、房地美（Freddie Mac）、美国国际集团（AIG）和雷曼兄弟这些公司已经失败，且它们的失败都在劳动节假日之后10天内发生，美联储前任主席艾伦·格林斯潘（Alan Greenspan）也将此次危机形容为"百年一见"的事件，9月15日的标普指数仅以4.4%的中度跌幅收盘。然而投资者似乎并没有因为雷曼兄弟的倒闭而受到困扰。

拿"缓慢的崩溃"来描述全球金融市场在雷曼倒闭之后出现的变化也许更为恰当。接下来两周的交易中，标普指数在7个交易期间上涨，在另外7个交易期间下跌，但每日价格逐渐在往下跌方向

第十二章 结论
Chapter 12　Conclusion

扩展。9月15日之后的16个交易日内，道琼斯工业平均指数下跌超过20%。投资者都在退场，几个星期就可以观察到市场修正。

全球股票市场已不同于从前。与1987年黑色星期一的市场骚乱不同，当时道琼斯指数一天之内就下跌了23%，基础市场修正面临更大的摩擦牵制效应，这种效应来自使用非定性策略的投资者。逆向交易者、套利策略和高频做市都在稳定市场中发挥了作用。今天，大部分投资策略并不基于市场价值产生收益，而是基于其相对于相关产品的价值。

然而矛盾的是，人数上占大多数的投资者都是传统的买入并持有投资者。机构投资公司在公共证券中持有绝大多数份额。散户投资者通过共同基金、指数基金或单一股票投资中的养老基金捐款，成为资产方面最占主导的投资者，但他们在交易活动方面占少数。因此，散户投资者在解释其财务健康状况从一天到下一天的变化时抱怨更多。市场的收盘价仍然是金融评论家阐释经济健康状况的主要内容。但是，当大多数交易并不是由基本投资者导致时，从市场收盘价中能够真正推断出什么呢？对于买入并持有的投资者而言，一只股票的真实价值只能事后根据公司的实际收益历史来了解。股票价值的实时数据并不是基本投资界看待股票健康状况的良好代表。就像篮球比赛无法通过开场15分钟的分数来预测一样，公司的长期成功也不能单凭其市场日常波动来判断。

市场的波动性部分地解释了我们对金融评论员意见的坚持。我们通过沃伦·巴菲特、乔治·索罗斯（George Soros）、马克·墨比尔斯（Mark Mobius）以及其他金融领导者和偶像的观点来补充对标

跟踪信号： 黑盒交易如何影响从华尔街到上海的股市
Chasing the Same Signals: How Black-Box Trading Influences Stock Markets from Wall Street to Shanghai

普日常波动的解释。我们对他们有关盈利预测、商品市场、美元等的看法感到欣慰，并且利用他们的观点来衡量我们的财务决策。但是，如果日常波动并不是由我们偶像的决定驱动的，那是否会使我们对经济的看法产生偏见？

市场的日常波动肯定会影响我们的观点。标普指数的每周抛售超过10%，这在我们对经济的展望的形成中起到了微妙的作用。我们受到影响，是因为市场的价格波动加剧了人们对持续经济不稳定的担忧。但是，如果我们意识到让长期投资者获利的并不是抛售，而是黑盒交易者的走势，我们会有同样的焦虑吗？当然，我们关于经济健康的看法不如我们对金融偶像的情绪那样容易受到流动性提供者足迹的影响。

历史已经证明，从长期看，金融市场最终会与经济发展的方向相一致。然而，今日市场的日常波动很大程度上受到投资策略之间互动的影响，这些投资策略正为同样的利润而竞争。其结果是，股票的持有者和交易者完全是不同的食物群体，我们更容易受到后者的影响。黑盒交易对家族投资者意味着什么呢？很简单，黑盒交易的扩张应该被理解为市场的自然演变。随便一个投资者应该都认可，在过去的10年中，那些拥有股票的人和那些交易股票的人之间的差距越来越大。因此，股市波动并不总是反映经济的健康状况。前几代人用于传统财务分析的所有规则仍然适用，但是需要一套不同的工具来解释当今市场的日常波动。

监管机构也只是刚开始接受这种观点，即它们需要一种新的方法来审计当今的高频市场。在过去的几十年中，市场监管机构将注

第十二章 结论
Chapter 12　Conclusion

意力集中在确保没有公司或投资者在获取信息和利用其他投资者方面享有不公平的优势。相应地，透明度一直是关键的重点，这导致了对投资者持股披露的监管——机构投资者和大型个人股东需要公开披露其持股情况。这些措施对审计大型股东的活动当然是必要的，但在今天的市场上，一些最活跃的投资者根本不需要成为股东。对冲基金可能占股票交易活动的10%，但从未隔夜持仓。

在今天的市场中，监管机构最好讨论出一个框架，以审核除最重要的持有人之外最活跃的交易者。公众可以很容易地发现谁拥有麦当劳5%的股份，但他们不会知道一个投资者是否占其交易活动的5%。无论对投机者和高频交易中介的角色的学术观点有何不同，有一点是肯定的：股市波动影响着我们对经济的认知。最活跃的交易者尽管有他们的优点和意图，同样也在市场的稳定性中发挥作用。投资者应该了解他们的交易流。

过去几十年里使用的许多指标在复杂的当今市场中几乎没有意义。市场份额（即经销商—经纪人占市场总营业额的百分比）就是一个恰当的例子。市场份额曾经代表经纪人客户业务的优势，其中较大的市场份额与经纪人的佣金收入密切相关。但是今天这种关系十分微弱。在逐渐走向失败的几年里，雷曼兄弟在美国的市场份额排名上升，这主要归功于其自营交易的内部增长，这在很大程度上夸大了其客户业务的足迹。如今，所有全球投资银行都从自营交易、衍生品活动和跨资产策略中获得了巨大的营业额。公众很难仅从市场份额数据中推断出它们业务的健康状况。

在金融危机之后，对经济稳定的渴望一直是主流。相应地，我们用于审计金融市场的指标必须发展以反映市场的变化。在位置数据由对冲基金存档和剖析的年代，市场监管机构必须着手进行数据挖掘，以改善对金融市场参与者的监控。历史上，经济学家认为通货膨胀是对维持经济长期稳定的最普遍的担忧。高通胀环境显然对公司和个人不利，因为它会随着时间的推移而侵蚀购买力。在次贷危机之后，世界上许多最著名的经济学家都发表了看法，讨论世界经济将如何应对政府支出的历史水平。但是，他们对市场波动的看法如何？关于市场波动的意见和见解鲜有听闻。

传统观点认为，金融市场的波动纯粹是由于投资者的不确定性。虽然这是压倒性的因素，但在今天的市场中，即使经济数据或投资者情绪没有变化，也可能出现大的价格变动。由投资者不确定性引起的波动是生活的一个因素；但是，由于市场结构、指数再平衡或套利交易而产生的波动对我们的经济晴雨表构成了一层噪音。只有前者才值得对晚间新闻发表评论。在政府过度刺激一揽子计划后的几年里，经济学家将继续讨论全球经济的未来。通货膨胀、通货紧缩和滞胀都将成为头条新闻。日本经济的困境经常被引用，作为全球经济从次贷危机中复苏的代表。一些世界上最杰出的经济学家告诉投资者要为潜在的有限增长时期做准备。尽管存在不同的意见，结果可能是一个漫长的时期，即偶然投资者的信念很少。市场可能在一个月内反弹30%，但在接下来的两个月里只会收缩40%。从这个角度来看，日本确实是投资者的良好代表。在这个时代，美国国债在可预见的未来收益率不到1%，全球市场的过度波动很可能成为常态。

第十二章 结论
Chapter 12 Conclusion

  投资者、经济学家和市场监管机构仍然在争论黑盒策略对普遍波动水平的贡献。黑盒策略是否会对市场产生稳定作用，或者是否会加剧短期失衡，这仍然是未来几年学术白皮书的主题。它们占据市场总量的三分之一、一半还是更多？我们不知道，我们也不了解何种水平的黑盒交易意味着自然均衡。与此同时，黑盒策略的足迹将在我们对经济环境的看法中发挥更大的作用。

  总的来说，传统的投资方法仍然与前几代一样有效。如果企业盈利能够很快恢复且现行利率较低，那么相对于其他投资选择，投资者将能够找到价格与收益相当的股票（或行业）。对于传统投资者而言，将黑盒行业完全排除在投资过程范围之外并非不合理。但是当今复杂市场的实际情况是，生态系统的健康会影响所有的投资者。如果任何特定投资策略的经济条件都不利，那么整个生态系统就会产生连锁反应。所有的投资者都应该接受一个事实，即与他们身处同一个地方的其他成员也与自己息息相关。

  从这个角度来看，投资者不必了解哪些信号正在被跟踪，而应清楚从华尔街到上海的哪些信号正在受到影响。

注 释

第一章 矿井里的金丝雀死了

1. Jayne Jung, "Quants' Tail of Woes", *Risk Magazine*, October 1, 2007.
2. Andrew W. Lo and Amir E. Khandani, "What Happened to the Quants in August 2007", white paper, November 2007.
3. *Wall Street Journal*, "How Market Turmoil Waylaid the Quants", September 2007, article on Peter Muller.

第二章 交易的自动化

1. 美国市场上机构投资者的增长由Eric Kelley和Ekkehart Boehmer记录, "Institutional Investors and the Informational Efficiency of Prices", July 24, 2007.
2. Mark Ready, "Determinants of Volume in Dark Pools", white paper, November 2008.
3. 有关美国证券交易委员会规则变化对电子通信网络的影响概览, 参见 Island Inc., "The Island ECN Inc. Company History", January 2009.
4. 有关价差和指令不平衡的讨论, 参见Shane A. Corwin, "Differences in Trading Behavior Across NYSE Specialist Firms", October 1997.
5. Michael Barclay, Terrence Hendershott, and Timothy McCormick, "Competition Among Trading Venues: Information and Trading on Electronic Commerce Networks", *The Journal of Finance*, vol. LVIII, no.6, December 2003.
6. 对金融市场自动化演化的看法可阅读 "Reuters NewsScope", *Reuters: The Technical Analyst*, April 2007.

第三章　黑盒哲学

1. 有关里昂证券亚洲分部创始人Gary Coull的文章见于"The Financers", *FinanceAsia*, Tenth Anniversary Special, 2006.
2. Richard Teitelbaum, "Paulson Bucks Paulson as His Hedge Funds Score $1 Billion Gain", *Bloomberg News*, 2008.
3. James H. Simmons向美国国会提交的证词出版于"Before the House Committee on Oversight and Government Reform", November 2008.
4. 有关量化资产管理者与传统资产管理者之间文化障碍的描述见于J. Doyne Farmer的文章"Physicists Attempt to Scale the Ivory Towers of Finance", *Computing in Science and Engineering*, December 1999.

第四章　发现足迹

1. Tarun Chordia, Richard Roll, and Avanidhar Subrahmanyam, "Order Imbalance, Liquidity, and Market Returns", *SSRN*, November 1, 2001.
2. Robert Kissell and Morton Glantz, "Optimal Trading Strategies", American Management Association, 2003.
3. Sanford Grossman and Joseph Stiglitz, "On the Impossibility of Informationally Efficient Markets", *The American Economic Review*, June 1980.
4. Kenneth French and Richard Roll, "Stock Return Variances: the Arrival of Information and the Reaction of Traders", March 2002.
5. Tarun Chordia, Richard Roll, and Avanidhar Subrahmanyam. "Liquidity and Market Efficiency", August 29, 2005.
6. 对序列相关、指令不平衡和市场效率的理解见于Joel Hasbrouck, "Measuring the Information Content of Stock Trades", *The Journal of Finance*, vol. XLVI, no.1, March 1991.
7. Hans Stoll, "Market Microstructure", working paper, August 2002.
8. James A. Bennett and Richard W. Sias, "Can Money Flows Predict Stock

Returns?", *Financial Analysts Journal*, February 2004.
9. 有关共址的介绍见于"Milliseconds Matter", *Wall Street & Technology*, August 2005.
10. Burton Malkeil, *A Random Walk Down Wall Street*, W.W.Norton & Company, 2003.
11. *Business Week*, "The Most Powerful Trader on Wall Street You've Never Heard of", July 2003.

第五章 分散的信徒

1. 由信息流导致的市场无效率的案例见于Harrison Hong, Terence Lim and Jeremy C. Stein, "Bad News Travels Slowly: Size, Analyst Coverage, and the Profitability of Momentum Strategies", white paper, January 1999.
2. 有关风险因子交易介绍的描述见于Eugene F. Fama and Kenneth R. French, "Value Versus Growth: the International Evidence", *The Journal of Finance*, vol. LIII, no.6, December 1998.
3. 行为金融学的介绍见于Werner F. M. De Bondt and Richard Thaler, "Does the Stock Market Overreact?", *The Journal of Finance*, vol. XL, no.3, July 1985.
4. 有关市场中性交易一个好的实证分析参见评论"The Challenges of Declining Cross-Sectional Volatility", *The Barra Newsletter*, Autumn 2004.

第六章 军备竞赛

1. 有关流动性提供者和需求者的术语和角色的最佳描述见于Robert Kissell and Morton Glantz, "Optimal Trading Strategies", American Management Association, 2003.
2. 市场机制在股票交易方式中的作用的概览详见于Hans R. Stoll, "Market Microstructure", Financial Markets Research Center, working paper

no.01-16, May, 2003.

3. John Chalmers, Roger Edelen, and Gregory Kadlec, "Transaction Cost Expenditures and the Relative Performance of Mutual Funds", November 1999.

4. Benjamin Scent, "OOIL Dive Spurs Closing Auction Call", The Standard, July 17, 2009.

第七章　高频游戏

1. Harald Hau, "The Role of Transaction Costs for Financial Volatility: Evidence from the Paris Bourse", white paper, February 27, 2003.

2. Scott Paterson, "Meet Getco, High-Frequency Trade King", *Wall Street Journal*, August 27, 2009.

3. A comparison of the differing market structures is provided by Francis Breedon and Allison Holland, "Electronic Versus Open Outcry Markets: the Case for the Bund Contracts", white paper, Bank of England, 1997.

4. Shane A. Corwin, "Differences in Trading Behavior of NYSE Specialists", white paper, October 1997.

5. "Rise of the machines", *Economist*, August 1, 2009.

6. Sal Arnuk and Joseph Saluzzi, "Toxic Equity Trading Order Flow on Wall Street", a white paper from *Themis Trading LLC*, March 2009.

7. 摘自 "Market Structure Analysis & Trading Strategies" published by *Rosenblatt Securities*, August 2008中的一期。

8. Joyce Moullakis and Nandini Sukumar, "Goldman, Morgan Stanley Squeeze Exchanges with New Platforms", *Bloomberg*, November 18, 2008.

9. Serene Ng and Geoffrey Rogow, "NYSE Speeds Trades to Meet Competitors", *Wall Street Journal*, March 2, 2009.

第八章　罗素再平衡

1. Joanne Von Alroth,"Russell Rebalance Sparks Annual Jitters", Investors. com, *Investor's Business Daily*, June 2008.
2. Mark Hulbert,"Watching for the Russell Effect", *Market Watch*, June 2005.
3. Ananth Madhavan,"The Russell Reconstitution Effect", *ITG Inc*, September 2001.
4. David R. Carino and Mahesh Pritamani,"Price Pressure at the Russell Index Reconstitution", an issue of *Russell Research Commentary*, April 2007.
5. Jeffery Smith,"Nasdaq's Electronic Closing Cross: an Empirical Analysis", white paper，March 10, 2005.

第九章　市场生态

1. 投资策略之间的关系概览参见J. Doyne Farmer,"Market Force, Ecology and Evolution", *The Prediction Company*, February 2000.
2. Rick Wayman,"The Changing Role of Equity Research", *Investopedia.com*, August 2003.
3. Ivy Schmerken,"U.S.Equity Commissions On Institutional Trades Could Drop 25 Percent in 2009，Says Greenwich Study", *Advanced Trading*, July 2009. 关于全球佣金调查的详细分析是格林威治联营公司所做的机密研究。
4. Jed Horowitz,"Goldman Buys Independent Research Co-Stakes in New Venture", *Wall Street Journal*, February 2007.
5. Shanny Basar,"Goldman Sachs to Extend Third Party Research Platform", *FinancialNews*, June 2007.

第十章　股票市场的全球化

1. 对新加坡航空的描述参见Yaroslav Trofimov,"Asia's 200 Most-Admired Companies—Reader Survey", *Wall Street Journal Asia*, September 5,

2008.

2. 对活力门危机的描述参见 *The Associated Press*, "Selling Stampede Shuts Tokyo Stock Market", January 18, 2006.

3. 全球主要交易所市场结构的综述参见 Peter L. Swan and Joakim Westerholm, "The Impact of Market Architecture and Institutional Features on World Equity Market Performance", white paper, December 2003.

4. Susan Pulliam, Liz Rapapport, Aaron Lucchetti, Jenny Strasburg, and Tom McGinty, "Anatomy of the Morgan Stanley Panic", *Wall Street Journal*, November 24, 2008.

5. 监管改革的经济周期记录参见 Larry Ribstein, "Bubble Laws", *Houston Law Review*, April 2003.

6. 1997年亚洲金融危机期间对冲基金的角色在很多地方被引用，参见 Mahathir Mohamad and Neel Chowdhury, "George Soros, Scourge of Asia—Conspiracy Theories", *Fortune Magazine*, September 1997.

7. Corey Rosenbloom, "U.S. Trader Tax Bill and Petition", *Daily Markets*, February 2009.

第十一章　适应性行业

1. 量化交易的衰退效应是投资界提出的假设，参见AQR在一篇文章中的评论，Jenny Blinch, "Quantitative Management Comes of Age", *Global Pensions*, December 2006.

2. 对2007年8月的模拟和详细分析参见 Andrew W.Lo and Amir E.Khandani in "What Happened to the Quants in August 2007?", white paper, November 2008.

3. 对冲基金中天气衍生品交易量增长的描述参见 Santosh Menon, "Banks and Funds Look to Meteorologists", *Reuters: Business and Finance*, August 7, 2007.

4. Barrett Sheridan, "A Trillion Points of Data", *Newsweek*, March 2009.

5. Jeremy Ginsberg, Matthew H. Mohebbi, Rajan S. Patel, Lynnette Brammer, Mark S. Smolinski, and Larry Brilliant, "Detecting Influenza Epidemics Using Search Engine Query Data", *Macmillan Publishers Limited*, November 2008.

6. Steven Levy, "Secret of Googlenomics: Data-Fueled Recipe Brews Profitability", *Wired*, June 2009.

7. *TowerGroup*, "Exchanges Losing Out to European Trading Venues", February 19, 2009.

8. Andrew Lo, "The Adaptive Market Hypothesis: Market Efficiency from an Evolutionary Perspective", white paper, August 15, 2004.

9. Sanford J. Grossman and Joseph E. Stiglitz, "On the Impossibility of Informationally Efficient Markets", *The American Economic Review*, vol. 70, iss. 3, June 1980.

图书在版编目(CIP)数据

跟踪信号：黑盒交易如何影响从华尔街到上海的股市/(加)布莱恩·R.布朗著；杜海韬，吴月，王俊宇译. — 上海：文汇出版社，2020.10

ISBN 978-7-5496-3286-2

Ⅰ.①跟… Ⅱ.①布…②杜…③吴…④王… Ⅲ.①股票市场 Ⅳ.①F830.91

中国版本图书馆 CIP 数据核字(2020)第 141536 号

Chasing the Same Signals: How Black-Box Trading Influences Stock Markets from Wall Street to Shanghai by Brian R. Brown, ISBN: 978-0-470-82488-7

Copyright © 2010 by John Wiley & Sons (Asia) Pte. Ltd.

All Rights Reserved. This translation published under license. Authorized translation from the English language edition, Published by John Wiley & Sons. No part of this book may be reproduced in any form without the written permission of the original copyrights holder. Copies of this book sold without a Wiley sticker on the cover are unauthorized and illegal.

本书中文简体中文字版专有翻译出版权由 John Wiley & Sons, Inc. 公司授予上海阅薇图书有限公司。未经许可，不得以任何手段和形式复制或抄袭本书内容。本书封底贴有 Wiley 防伪标签，无标签者不得销售。

上海市版权局著作权合同登记号：图字 09-2020-746 号

跟踪信号：黑盒交易如何影响从华尔街到上海的股市

作　　者　/　(加)布莱恩·R.布朗
译　　者　/　杜海韬　吴　月　王俊宇
责任编辑　/　戴　铮
封面设计　/　Monocolour
版式设计　/　汤惟惟
出版发行　/　文匯出版社
　　　　　　上海市威海路755号
　　　　　　(邮政编码：200041)
印刷装订　/　上海颛辉印刷厂有限公司
版　　次　/　2020年10月第1版
印　　次　/　2020年10月第1次印刷
开　　本　/　700毫米×1230毫米　1/16
字　　数　/　160千字
印　　张　/　14.25
书　　号　/　ISBN 978-7-5496-3286-2
定　　价　/　68.00元